# EL DECÁLOGO DEL CONTROL INTERNO

# EL DECÁLOGO DEL CONTROL INTERNO

EDITORIAL
LETRA MINÚSCULA

Primera edición: junio de 2025
ISBN: 978-84-1090-340-1
Depósito legal: B 13398-2025

Editado por Editorial Letra Minúscula
www.letraminuscula.com
contacto@letraminuscula.com

# ÍNDICE

# AGRADECIMIENTO

Este libro está dedicado a nuestro querido hermano Miguel Jesús Fernández Cavazos (q. e. p. d.), quien despertó en nosotros la pasión por el control interno. Su influencia ha sido fundamental en nuestro desarrollo profesional y en la concepción de este trabajo.

Recordamos con cariño cómo Miguel fue el primero en plasmar sus ideas en este libro, comenzó con la poderosa frase: *«el control interno es falible»*. A lo largo de nuestras conversaciones, nos enseñó que el departamento de control interno no ejecuta controles preventivos, ya que su función natural es la detección. En su visión, los controles preventivos deben ser ejecutados por la primera línea, en los procesos mismos. Con el paso de las semanas, meses y años, Miguel continuó compartiéndonos su conocimiento y se convirtió en nuestro maestro y guía en este fascinante campo.

Además, nos transmitió la importancia de que los sistemas ERP estén diseñados para administrar una sola empresa a la vez. Intentar gestionar múltiples entidades a través de un solo sistema genera una telaraña de reglas de negocio que, en lugar de simplificar su configuración y administración, las vuelve casi imposibles de manejar. Fue aquí donde acuñó los conceptos de *«control interno primitivo»* y *«control interno fortalecido»*, aportaciones que perduran en nuestra labor.

Desafortunadamente, Miguel Jesús nos dejó el 1 de noviembre de 2020. Gracias a su legado y a la colaboración nuestra, hemos podido concretar su obra. Su memoria y enseñanzas vivirán en cada página de este libro.

Que descanse en paz nuestro querido hermano.

*Dante Omar Fernández Cavazos*
*Gerardo Sergio Fernández Cavazos*

# PRÓLOGO

*En la elaboración de este libro se emplearon herramientas de inteligencia artificial para optimizar la redacción y la estructura de las ideas originales de los autores. No obstante, todo el contenido refleja el análisis, la interpretación y el desarrollo intelectual propios de los autores.*

El control interno ha sido un tema recurrente de estudio en el ámbito empresarial. No obstante, el enfoque de este libro, El decálogo del control interno, es único. Aquí hemos compilado **42 preceptos del control interno** y **15 principios del departamento de control interno**, los cuales permiten desentrañar las bases esenciales de esta disciplina.

Aunque cada precepto y principio, considerado de forma aislada, pueda parecer evidente, su integración ofrece un panorama mucho más amplio y profundo sobre los fundamentos del control interno. Este enfoque no se limita a un solo aspecto del control interno, sino que abarca una diversidad de temas y perspectivas. Entre ellos, por ejemplo, se encuentra la reflexión sobre cómo diseñamos, gestionamos y fortalecemos los procesos en nuestras organizaciones, aspecto que ilustraremos a continuación.

Por ejemplo, el precepto: «*los riesgos y controles no se inventan, ya existen*» invita al lector a cuestionarse cómo identificarlos en sus procesos. «¿Estamos conscientes de todas las amenazas a las que se enfrenta nuestra empresa? ¿o estamos inventando riesgos y controles que no abordan problemas reales?»

Cuando este precepto se analiza junto con otros como: «*los cambios en los procesos abren posibilidades a nuevos riesgos*» y «*los controles débiles crean un falso sentido de seguridad*», el panorama se amplía aún más. Le advierten al lector sobre la importancia de diseñar controles robustos y de evaluar continuamente los impactos de los cambios en los procesos y, de esa forma, evitar la complacencia y asegurar una vigilancia constante.

En conjunto, los preceptos y principios que se presentan en este libro profundizan en el entendimiento del control interno e inspiran a los lectores a adoptar una visión más analítica y crítica sobre cómo proteger y fortalecer a sus organizaciones.

Hemos identificado dos momentos en los que nace el control interno; el primero, cuando nace la empresa (control interno primitivo) y el segundo, cuando los procesos se estandarizan (control interno fortalecido). Aunque existe otro término que hemos acuñado «control interno formal», este no es un nacimiento como tal, más bien, es una evolución del control interno primitivo al control interno formal.

A lo largo de este libro encontrarás con frecuencia términos como «riesgo», «control», «control interno» y «proceso». Esto obedece a dos razones fundamentales. La primera es que hablar de control interno sin recurrir reiteradamente a estos conceptos resultaría casi imposible si queremos transmitir fielmente la idea central. La segunda es que su repetición tiene un propósito: destacar su relevancia. Mencionamos «riesgo» una y otra vez porque es imprescindible que lo identifiques, lo evites o, en su defecto, lo enfrentes para reducir su impacto, desde el diseño de procesos hasta su supervisión. Del mismo modo, insistimos en la palabra «control» porque no basta con reconocer su importancia; debe implementarse y fomentarse en toda la organización. El control interno no se limita a documentar procedimientos, sino a establecer mecanismos que mitiguen efectivamente los riesgos. El control interno no se impone; se construye desde la esencia misma de la empresa. Esa es, en esencia, la razón de ser de este libro.

*Hermanos Fernandez Cavazos*

# CAPÍTULO 1
# ENFOQUES DEL CONTROL INTERNO

## Enfoques del control interno

La Norma Internacional de Auditoría (NIA 315, párrafo A1) define: «*El control interno es el proceso diseñado, implementado y mantenido por los responsables del gobierno de la entidad, la dirección y otras personas, con el fin de proporcionar una seguridad razonable sobre el logro de los objetivos de la entidad en cuanto a la fiabilidad de la información financiera, la eficacia y eficiencia de las operaciones, y el cumplimiento de las leyes y regulaciones aplicables.*»

El control interno no es un ente aislado ni una función única; está presente en cada rincón de la organización, como una red que permea todo lo que se hace. Sin embargo, esa misma presencia obliga a su división. Pretender que una sola visión controle todos los frentes sería ir en contra de sus propios principios, especialmente el de la segregación de funciones. Por ello, el control interno empresarial se estructura en cuatro enfoques fundamentales: el control de seguridad, el control de calidad, el control interno financiero y el control interno operativo. Cada uno se especializa en lo que le compete, porque solo así el control puede ser efectivo, profundo y congruente con la complejidad del entorno empresarial. A lo largo de este capítulo, exploraremos a detalle cada uno de estos enfoques, con el fin de comprender ¿qué cuidan?, ¿cómo lo hacen? y ¿por qué resultan indispensables?

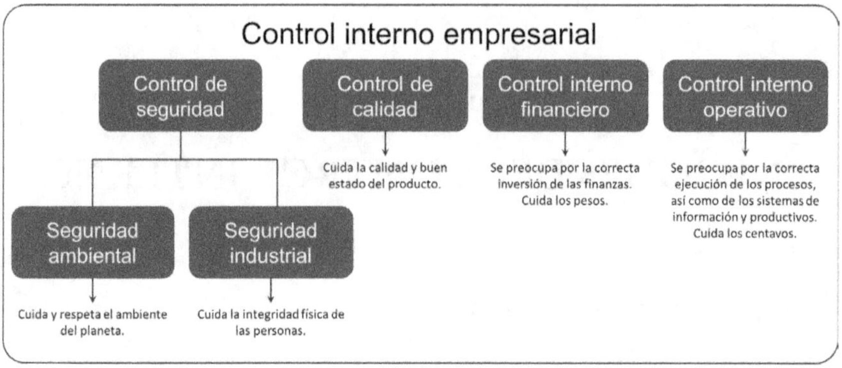


Figura 1.1. Enfoques del control interno empresarial.

¿Por qué tantas empresas fallan en mantener la gestión y supervisión de sus procesos, la exactitud en su información o la eficiencia operativa? La respuesta suele encontrarse en un control interno débil o mal enfocado. En un entorno donde abundan clasificaciones como control preventivo, de detección, correctivo, financiero, operativo, tecnológico, de calidad, etc., el control interno puede parecer un rompecabezas inagotable.

El control interno de una compañía se compone de estos cuatro enfoques, cada uno con un objetivo específico que no se superpone ni contradice con los demás. Aunque en conjunto buscan proteger a la organización, cada enfoque se especializa en un aspecto particular: la seguridad protege el entorno y salvaguarda al personal, el control de calidad garantiza la excelencia del producto o servicio, el control interno financiero vela por la correcta administración de los recursos y el operativo optimiza la gestión de los procesos.

Sin embargo, el control interno, por sólido que sea, no se sostiene por sí mismo. Su efectividad depende de la alta dirección, cuyo liderazgo y supervisión son determinantes para fomentar el respeto al entorno, la protección del personal, la calidad en la producción, la inversión responsable, la eficiencia operativa y la integridad en la información. Sin su convicción y respaldo, incluso los mejores controles pueden convertirse en simples formalidades sin impacto real.

## Control de seguridad

Seguridad ambiental

La seguridad ambiental se enfoca en minimizar el impacto de las actividades empresariales en el entorno. Su objetivo es evitar la emisión de elementos contaminantes como ruido, humo, vapores tóxicos, emisiones de gases, partículas en suspensión, vibraciones, contaminación lumínica, etc., según el giro de la organización. Compañías comprometidas con este enfoque implementan controles estrictos para prevenir la contaminación y garantizar el cumplimiento de normativas ambientales.

Un ejemplo claro se encuentra en la industria alimentaria, donde la higiene y la limpieza son fundamentales. En un restaurante, la atención a la limpieza de las áreas visibles para el cliente, como mesas, mostradores y baños, es evidente. Sin embargo, el verdadero desafío está en la cocina y en las áreas de preparación de alimentos. Si la empresa cuenta con un sistema de seguridad ambiental sólido, es probable que estas áreas cumplan con altos estándares de higiene. En cambio, si la seguridad ambiental no es una prioridad, la limpieza de la cocina podría ser deficiente, lo que afecta la calidad y seguridad de los alimentos.

Detrás de todo control ambiental existe una inversión. Como dicta el precepto: «*El control interno cuesta, hay que invertir en él*». Una organización que no asigna recursos a la seguridad ambiental demuestra una falta de compromiso con la sostenibilidad y la calidad, lo que a largo plazo puede afectar su reputación y viabilidad. La implementación de medidas ambientales no es solo una responsabilidad legal, sino también una estrategia para garantizar la continuidad del negocio en armonía con su entorno.

Es importante notar que todas estas medidas, aunque están relacionadas con la protección del entorno, tienen un origen común: la necesidad de cuidar a la empresa. La seguridad ambiental responde a obligaciones regulatorias y contribuye a fortalecer la imagen pública, además de ser una estrategia clave para preservar la sostenibilidad del negocio y evitar riesgos que puedan comprometer su continuidad.

### Seguridad industrial

La seguridad industrial se enfoca en proteger la integridad física de las personas y considera que cualquier accidente laboral afecta tanto a los empleados como a la organización. Un incidente puede traducirse en multas, pérdida de productividad y una baja reputación, ya que empleados, clientes y la comunidad perciben con desconfianza a una organización que no protege a su gente.

El departamento de seguridad industrial tiene la responsabilidad de capacitar a los empleados en la ejecución segura de los procesos productivos. Durante la capacitación, enfatiza el uso del equipo de protección personal —zapatos, lentes, cubrebocas, cofia, chaleco, entre otros— y desalienta el uso de objetos que representen un riesgo, como relojes, anillos, pulseras, cadenas o aretes, pues pueden provocar accidentes.

Todas estas medidas, aunque están diseñadas para proteger a las personas, tienen un propósito superior: cuidar a la empresa. La seguridad industrial es una obligación legal y ética, además de ser una estrategia clave para preservar la continuidad operativa y proteger la reputación organizacional.

## Control de calidad

El control de calidad se enfoca en garantizar que el producto que la compañía fabrica y comercializa cumpla con los estándares establecidos. En este contexto, el término «producto» se entiende como un concepto que abarca tanto bienes como servicios.

El departamento de control de calidad supervisa la correcta selección de materias primas y materiales, y se asegura que el proceso productivo se desarrolle conforme a los requisitos de calidad previamente establecidos. Además, verifica que el producto terminado cumpla con los estándares antes de salir al mercado, controla su almacenamiento para evitar daños durante las maniobras de logística y previene que productos caducados sean comercializados.

El control de calidad no se limita a detectar fallas en los productos terminados, sino que busca prevenir errores en cada etapa del proceso productivo. Su propósito final es garantizar la satisfacción del cliente y la eficiencia operativa.

*Principios fundamentales del control de calidad*
Existen dos principios clave que guían al control de calidad:

**Enfoque en el cliente.** Aunque la compañía fabrica un producto, su atención debe centrarse en las necesidades del cliente. La calidad no es una imposición interna, sino una respuesta a las expectativas del mercado. Los estándares de calidad se definen en función de lo que el cliente espera y valora.

**Enfoque en la gestión del sistema.** La calidad no se garantiza únicamente con una inspección final, sino con una supervisión constante a lo largo de todo el proceso. Un enfoque basado en la prevención, como el principio de «no recibo, no hago y no entrego errores», (ver Filosofía de calidad Toyota, 2021), contribuye a minimizar defectos desde el origen en lugar de corregirlos al final.

*Un departamento impregnado de control interno*

El departamento de control de calidad tiene una particularidad: sus procesos están diseñados para garantizar altos estándares, lo que reduce la necesidad de auditorías externas constantes. Sin embargo, esto no significa que deba prescindirse de ellas, especialmente en industrias altamente reguladas como la farmacéutica o la automotriz, donde el control de calidad es un punto crítico que requiere supervisión rigurosa.

A diferencia de otras áreas, donde los controles internos pueden percibirse como una carga, en el control de calidad están plenamente integrados en su funcionamiento. Su propósito es asegurar que el producto sea la «pieza clave» de la empresa y que salga al mercado en condiciones óptimas. Para ello, sus procedimientos están diseñados para prevenir errores en lugar de corregirlos posteriormente.

*Inspiración para otras áreas*

El departamento de control de calidad es un modelo de cómo los controles internos deberían integrarse en cualquier proceso. Si bien cada área enfrenta riesgos y desafíos distintos, adoptar un enfoque preventivo similar podría evitar innumerables problemas.

Esto no significa que todas las áreas deban replicar sus métodos, más bien aprender de su filosofía. Áreas como ventas, cobranza, producción o distribución pueden fortalecer sus procesos al implementar controles que detecten y prevengan errores antes de que se conviertan en problemas mayores.

El control de calidad no es un «mundo de color de rosa», pero demuestra que los controles internos efectivos no solo previenen fallas, sino que generan valor para la organización. Su enfoque debería servir de inspiración para otras áreas de modo que promueva una cultura de mejora continua.

Observe cómo, aunque todas estas medidas están orientadas a la calidad del producto, su razón de ser responde a una fuerza superior: «proteger a la empresa».

## Control interno financiero

Tiene como propósito garantizar el uso eficiente y adecuado de los recursos económicos. Su objetivo es maximizar la captación de ingresos, optimizar la inversión y el gasto, y contribuir a la estabilidad financiera de la organización. Cuando los recursos se administran con disciplina y estrategia, la compañía se fortalece y aumenta sus posibilidades de crecimiento.

El área de finanzas desempeña un papel fundamental en este control, ya que supervisa los resultados financieros para identificar desviaciones o anomalías que puedan afectar la estabilidad económica. Al detectar irregularidades, debe actuar de inmediato para corregirlas y evitar impactos negativos en la empresa. Además, se ocupa de la correcta contabilización de las transacciones, consciente de que, si la fuente de información está distorsionada, las interpretaciones de los estados financieros también lo estarán, lo que puede llevar a decisiones erróneas.

El control interno financiero es uno de los más conocidos dentro de las organizaciones y suele vincularse directamente con el área de finanzas. Su enfoque principal es analizar la información contable para evaluar el cumplimiento de los objetivos estratégicos. Cuando se detectan desviaciones, se convocan reuniones para analizar las causas y definir acciones correctivas que permitan retomar el rumbo adecuado.

A pesar de su estrecha relación con las finanzas, este control responde a un principio superior: «cuidar a la empresa». No se trata solo de cifras o reportes, sino de preservar la solidez económica de la organización y garantizar que las decisiones financieras se tomen con base en información confiable y en beneficio del futuro de la organización.

*Principales funciones*

Entre las principales funciones del control interno financiero se encuentran:

- La gestión del flujo de efectivo.
- La planificación financiera.
- La evaluación de inversiones.
- La gestión de riesgos financieros.
- La presentación de información a los inversionistas y otras partes interesadas.
- La supervisión de la precisión y fiabilidad de los registros contables.
- La promoción de la eficiencia y eficacia de las operaciones relacionadas con aspectos financieros.

*Importancia del control interno financiero*

Imaginemos por un momento que una compañía carece de dicho control financiero, es decir, carece de un enfoque estructurado para gestionar sus finanzas. ¿Cómo controlaría sus ingresos, si estos son su columna vertebral? ¿Cómo administraría los presupuestos, si sabemos que los egresos concentran la mayor cantidad de amenazas? ¿Cómo evaluaría los riesgos financieros? Sin este control, dicha empresa sería un caos y propensa a desaparecer.

Sin embargo, el control interno financiero no se limita únicamente a la gestión del flujo de efectivo, la planificación financiera o la evaluación de inversiones. También incluye el diseño adecuado de políticas, procedimientos y estructuras organizativas para garantizar la precisión de los registros contables y promover operaciones eficientes y eficaces.

Por otro lado, aunque está estrechamente relacionado con el control interno operativo, su principal distinción radica en el enfoque: mientras que el control financiero se centra en aspectos monetarios, el operativo analiza los procesos. De aquí surge el precepto: *«el control interno operativo cuida los centavos porque el control interno financiero cuida los pesos»*.

*Fortalecimiento del control interno financiero*

Su fortalecimiento puede lograrlo mediante:

- Políticas y procedimientos claramente definidos y actualizados.
- Una adecuada segregación de funciones.
- Aprobaciones a las transacciones financieras antes de su registro.
- Supervisión continua de las actividades financieras.
- Controles preventivos y de detección implementados de manera efectiva.
- Conciliaciones periódicas entre registros internos y externos.
- Gestión eficaz del riesgo financiero.
- Cumplimiento obligatorio de normativas y regulaciones financieras aplicables.
- Seguridad adecuada para la información financiera.

- Auditorías internas regulares, que realizan revisiones enfocadas en identificar y mitigar riesgos financieros específicos.

La auditoría interna desempeña un papel crucial en este ámbito, ya que, mediante revisiones detalladas, evalúa el cumplimiento de las políticas y detecta posibles irregularidades o áreas de mejora en el control financiero.

*Analogía financiera*
Hagamos una analogía entre el aspecto médico y el control interno financiero de una empresa.

Consideremos que un paciente presenta molestias y acude al médico para que lo revise y determine cuál es el problema de salud. El médico lo escucha, lo examina y solicita análisis de sangre. Con los resultados de esos análisis, el médico concluye que el paciente tiene un problema en el hígado. Ahora, lo refiere a un especialista para que lo examine con más detalle y lo ayude a sanar.

En esta analogía, el paciente representa a una empresa y el médico, al director de finanzas. Imaginemos ahora que esa compañía empieza a tener problemas financieros (las molestias del paciente) y acude al director de finanzas (el médico). Este escucha al director general (quien representa a la empresa que se queja) y analiza sus estados financieros (el equivalente al análisis de sangre del paciente). Tras examinar la información, el director de finanzas concluye que el problema está en la cobranza, ya que la cartera vencida está aumentando y cada vez hay más cuentas registradas como incobrables (aquí se identifica el origen de la «enfermedad»). Entonces, el director de finanzas solicita al departamento de control interno operativo (el especialista) que analice el proceso de cobranza para ayudar a la compañía a corregir el problema.

Observe que el análisis de sangre permite al médico identificar la enfermedad del paciente entre muchas posibles. De manera similar, el director de finanzas utiliza los estados financieros para identificar los problemas de la organización entre un sinnúmero de posibles dificultades.

Además, el médico general diagnostica, pero no repara la falla; quien se encarga de ello es el médico especialista. Lo mismo sucede con el director de finanzas: él diagnostica, pero quien recomienda y diseña el tratamiento es el departamento de control interno operativo. La auditoría interna, elemento clave de este sistema, realiza auditorías especializadas para garantizar que los procedimientos financieros sean sólidos y cumplan con la normativa.

## Control interno operativo

*Tal control es el objeto de estudio de este libro*, se enfoca en el correcto diseño y construcción de los procesos, en su adecuada ejecución, en la documentación y en su actualización constante. Su propósito es garantizar que las operaciones de la empresa se realicen de manera eficaz, eficiente y con la menor exposición a riesgos o errores.

El departamento de control interno supervisa continuamente los procesos porque comprende el precepto «*el control interno se desmorona si deja de supervisarse*». Aunque suele decirse que el control interno operativo «cuida los centavos», en realidad representa la médula espinal de la organización. Esto no implica que los demás enfoques de control sean menos importantes; por el contrario, todos cumplen una función vital. La ausencia de cualquiera de ellos comprometería la estabilidad organizacional. Sin embargo, es en el control interno operativo donde se gestiona la comunicación efectiva entre empleados y departamentos, se identifican los riesgos a los que la empresa es vulnerable y se impulsa el proceso de mejora continua. Cada cambio, por mínimo que sea, se analiza con una visión holística para evitar impactos negativos en otros procesos, estas razones posicionan al control interno operativo como la «médula espinal» de la organización.

Una de las funciones esenciales del control interno operativo es analizar los procesos para detectar fallas en su diseño que puedan poner en riesgo los activos de la organización. Además, supervisa regularmente su ejecución para asegurar el cumplimiento de las disposiciones establecidas y emite recomendaciones de mejora. Sin embargo, su labor no se limita a formular sugerencias, sino que también se encarga de monitorear su implementación y garantizar que se lleven a cabo. Sin este seguimiento, las recomendaciones perderían efectividad y se convertirían en simples propuestas sin impacto.

El control interno operativo se fundamenta en el diseño adecuado de políticas, procedimientos, métodos, actividades de control y estructuras organizativas. A diferencia del control interno financiero, que se centra en la precisión de los registros contables, el control interno operativo se ocupa de que las acciones se ejecuten correctamente y con eficiencia. No obstante, ambos enfoques son interdependientes y contribuyen al objetivo global de salvaguardar los activos de la organización.

Todas estas características, aunque estrechamente relacionadas con los procesos, tienen su origen en un principio superior: «cuidar a la empresa». El control interno operativo no es solo un conjunto de normas y procedimientos, sino un sistema dinámico que protege la integridad de la organización y la fortalece frente a los desafíos del entorno.

*¿Cómo puede fortalecerse el control interno operativo?*
Puede fortalecerse a través de varias acciones clave:

- Evaluar constantemente los riesgos, especialmente cuando los procesos cambian o se introducen nuevos sistemas.
- Analizar periódicamente la segregación de funciones, sobre todo durante cambios en la estructura organizativa.
- Revisar continuamente los procesos para identificar cambios, analizar amenazas y proponer ajustes, sin descuidar la correcta recopilación de evidencias clave que documenten lo ocurrido.
- Ajustar de manera continua las pruebas de monitoreo a los procesos actuales y a las nuevas evidencias de auditoría.
- Garantizar el cumplimiento con leyes y regulaciones mediante revisiones periódicas de conformidad.
- Capacitar de forma constante al personal para fomentar una cultura de control interno en toda la organización.
- Informar periódicamente a la alta dirección sobre los resultados del monitoreo, para facilitarle la toma de decisiones informada.
- Investigar casos de fraude para determinar la causa raíz, identificar el *modus operandi* y ajustar los procesos en consecuencia.

*El control interno en las líneas de defensa*
De acuerdo con el modelo de tres líneas (anteriormente conocido como modelo de tres líneas de defensa) (basado en IIA, 2020), el departamento de control interno forma parte de la segunda línea. Su función principal es supervisar y monitorear los controles implementados por la primera línea (las áreas operativas y financieras de la organización). Aunque dicho departamento no ejecuta controles preventivos directamente, contribuye de manera

indirecta a la prevención al diseñar, recomendar y monitorear controles eficaces.

Por otro lado, áreas como finanzas, control de calidad y seguridad (ambiental e industrial) forman parte de la primera línea. Estas áreas están involucradas directamente en los procesos operativos y realizan tanto actividades preventivas como de detección.

*Independencia del departamento de control interno*

El departamento de control interno se mantiene como una función independiente, fuera del engranaje directo de las operaciones de la organización. Esta independencia le permite analizar, supervisar y evaluar con objetividad los procesos y proponer mejoras que fortalezcan los controles.

Aunque su rol es crucial para la organización, su efectividad depende en gran medida de la colaboración y comunicación con la alta dirección, así como del compromiso de las áreas operativas para implementar las recomendaciones propuestas.

## Resumen de los enfoques del control interno

La falta de control interno financiero llevará a la empresa a enfrentar graves problemas de liquidez, lo que podría derivar en su colapso en cuestión de meses. Si no se implementa un control de calidad adecuado, no podrá satisfacer las expectativas de sus clientes y, en consecuencia, su reputación se verá afectada, lo que dificultará su crecimiento y competitividad en el mercado, la deficiente intervención de la seguridad industrial y de la seguridad ambiental pondrían en graves aprietos a la compañía con respecto de su reputación. Por último, la carencia de un control interno operativo pondrá en riesgo las operaciones diarias, lo cual provocará ineficiencias y vulnerabilidades que, con el tiempo, pueden llevarla a una caída gradual.

Los cuatro enfoques —control de seguridad (ambiental e industrial), control de calidad, control interno financiero y control interno operativo— forman la columna vertebral del control interno en cualquier organización. Cada uno de ellos desempeña un papel crucial en la protección del planeta, de las personas, de los productos, de los recursos y de las operaciones. Sin embargo, no basta con implementarlos de manera aislada. La sinergia entre estos enfoques, respaldada por la alta dirección y un proceso de mejora continua, es lo que asegura el éxito y la resiliencia de la compañía a lo largo del tiempo.

Todo lo que ocurre en la empresa es control interno:

- Cuando el empleado se identifica con el guardia de seguridad antes de entrar a las instalaciones; ahí está en ejecución el control interno.
- Cuando el personal de limpieza realiza sus actividades en horarios que no interfieran con las labores del personal de oficina; ahí está en ejecución el control interno.
- Cuando se establecen juntas periódicas para revisar los avances de un proyecto; ahí está en ejecución el control interno.
- Cuando el jefe autoriza un gasto; ahí está en ejecución el contr..., ¡CUIDADO!; no siempre es lo que parece. Si una persona autoriza algo por el solo hecho de autorizar, ESO NO ES CONTROL INTERNO. Una autorización debe estar respaldada por una serie de pasos de verificación (en inglés llamado *checklist*) que lleve al autorizante a discernir si la petición procede o no y, de ahí, autorizar o rechazar; si así ocurre, ahí está en ejecución el control interno.

*Marco de control empresarial*

La siguiente figura muestra en dónde quedan ubicados los distintos elementos que conforman el marco de control en una organización.

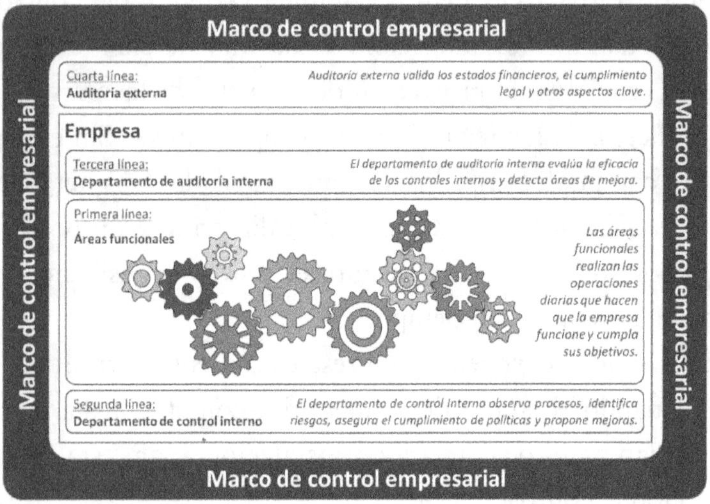


Figura 1.2. Marco de control empresarial (Inspirado en el enfoque de las tres líneas del IIA)

Cada engrane representa un departamento: abastecimientos, recursos humanos, producción, control de calidad, finanzas, logística, ventas, cobranza, servicio al cliente, etc.

Observe cómo el departamento de control interno no forma parte de ningún engrane que mueve a la compañía, de ahí el principio que dice: «*El departamento de control interno no forma parte del engranaje que mueve a la empresa, siempre se mantiene retirado de la operación*».

Por otro lado, suele decirse que el control interno operativo «cuida los centavos». Esto se debe a que dicho departamento representa la segunda línea y se encarga de observar que la maquinaria funcione correctamente. La primera línea es la única que hace que la maquinaria se mueva; es la que produce, reparte, vende, cobra, etc.

Observe también que el departamento de auditoría interna está dentro de la empresa como tercera línea y que auditoría externa está fuera y representa, para nuestros efectos, la cuarta línea.

El departamento de control interno depende jerárquicamente del área financiera, aunque su función corresponde a la segunda línea, mientras que el área financiera pertenece a la primera línea. Esto genera confusión al asignar tareas al departamento de control interno, ya que se le solicitan funciones propias de la primera línea. En otras palabras, se le pide que «mueva los engranes» de la organización, lo cual es un error. El departamento de control interno debe centrarse en observar los procesos para garantizar que se cumplan conforme a lo establecido, identificar riesgos y emitir recomendaciones que fortalezcan el marco de control. Para cumplir eficazmente con su función, nosotros recomendamos que dependa directamente de la dirección general.

Compruebe también que el departamento de seguridad ambiental, de seguridad industrial y de control de calidad están en la primera línea, ya que ellos sí mueven el engranaje de la empresa.

# CAPÍTULO 2
# PRECEPTOS DEL CONTROL INTERNO OPERATIVO

## Por la naturaleza y finalidad del control interno

## El control interno es falible

*El control interno, diseñado para proteger a la empresa, es vulnerable a fallas, lo que exige una supervisión constante, una actualización y un compromiso organizacional para que mantenga su efectividad.*

**El control interno es falible.**

Por más que una empresa se esfuerce en blindarse contra las amenazas, siempre habrá una brecha por la cual alguien o algo pueda infiltrarse y causarle un daño. Mientras el factor humano esté involucrado y el entorno permanezca en constante cambio, la posibilidad de fallas estará presente.

El control es falible debido a su dependencia en diversos factores, principalmente los humanos, seguido de los tecnológicos y los del entorno. Ningún control puede prever todas las eventualidades, ya que los entornos empresariales y las amenazas evolucionan constantemente. Incluso los controles más robustos no pueden eliminar completamente la posibilidad de error, omisión o fraude. La variabilidad en los procesos, los errores, la negligencia, el dolo, el fraude y las amenazas externas como el cibercrimen hacen que el control sea vulnerable.

Principalmente, son los seres humanos quienes hacen fallar el control interno. Las personas encargadas de implementar, supervisar y operarlos pueden ser una fuente de debilidad. La falta de capacitación, el agotamiento, la negligencia, el exceso de confianza y, en algunos casos, las intenciones maliciosas pueden comprometer su efectividad. Además, las empresas suelen depender de sistemas automatizados que, si no están correctamente configurados o actualizados, también pueden contribuir a su falla. Por último, la alta dirección, cuando subestima los riesgos o no apoya adecuadamente el control interno, también puede debilitarlo.

La vulnerabilidad se manifiesta de diferentes formas. Un control puede fallar si no se sigue correctamente o es ignorado por las personas responsables de cumplirlo. La falta de supervisión o monitoreo adecuado puede permitir que se debilite con el tiempo y abrir brechas por donde las amenazas puedan materializarse. Otro aspecto es el exceso de confianza en la automatización. Aunque los controles automáticos son efectivos, confiar exclusivamente en ellos sin realizar revisiones periódicas puede llevar a que queden obsoletos o pierdan efectividad frente a los cambios y a nuevas amenazas. Asimismo, la burocracia excesiva puede sofocar los controles y convertirlos en meros procedimientos cumplidos de manera superficial, sin atender a su propósito original.

Por buscar la eficiencia se puede caer en una falla de control de forma no intencional. Las empresas, al querer reducir costos o agilizar procesos, pueden relajar ciertas inspecciones, creyendo que los peligros son bajos o que el beneficio supera al costo. A veces, la presión por cumplir con metas y plazos empuja a los empleados a saltarse actividades claves «para ahorrar tiempo». Además, en ocasiones, la alta dirección permite cierta flexibilidad en los controles para fomentar la innovación o adaptarse rápidamente a un mercado cambiante. Sin embargo, esto puede abrir la puerta a errores y vulnerabilidades.

Para mitigar la posibilidad de error del control interno operativo, las organizaciones deben adoptar una mentalidad de mejora continua. Esto implica revisar y actualizar las actividades clave de manera regular, capacitar adecuadamente al personal, y establecer una cultura que valore la importancia de cumplir con los controles de manera rigurosa. La automatización es útil y siempre debe complementarse con supervisión humana y revisiones periódicas para asegurarse de que los controles siguen siendo efectivos. Es crucial contar con un equipo dedicado a identificar y corregir fallas antes de que se conviertan en problemas mayores. Finalmente, el compromiso de la alta dirección con la integridad del control interno es esencial para garantizar que los controles se mantengan sólidos y efectivos.

*Síntesis de las razones por las que el control interno puede fallar:*

- *Por falta de supervisión.* La falta o carencia de supervisión de los procesos, generalmente a través de pruebas de monitoreo, ocasionará que los controles decaigan y que nunca se detecten las fallas.
- *Por el error humano.* Cuanto mayor sea la dependencia en las personas, más vulnerable se vuelve. La falta de conocimientos, el descuido y las distracciones son factores que constantemente ponen en riesgo la eficacia de las actividades.

- *Por fraudes.* Los empleados son la primera amenaza en este rubro, sin embargo, también existe la posibilidad de que los proveedores y clientes se coludan con los empleados. Si a esta amenaza se suma un diseño deficiente de los procesos y la falta de pistas de auditoría, la probabilidad de fraude aumenta, mientras que las posibilidades de detectarlo disminuyen.
- *Por fallas tecnológicas.* Los sistemas de información pueden fallar debido a problemas técnicos, diseños deficientes, errores de programación, desajustes en los procesos y ciberataques.
- *Por la complejidad operativa.* Los sistemas informáticos, en ocasiones, hacen compleja su configuración porque administran varias empresas a la vez, lo que provoca una telaraña de reglas de negocio que lejos de hacer fáciles los procesos, los hacen complejos y con muy alta probabilidad de fallas.
- *Por cambios en el entorno.* Los cambios que no se ajustan oportunamente provocarán que falle. Éstos se pueden dar por aspectos internos de la organización o por aspectos externos como cambio de las leyes o regulaciones, cualquiera que sea el caso, si los ajustes no se hacen oportunamente ocasionarán fallas.
- *Por conflicto de intereses.* El interés personal de los empleados por recibir un bono o incentivo los hace alterar los resultados financieros para fingir que lograron sus objetivos.

*Nada puede controlarse del todo*

El control total es una ilusión. A pesar de los avances tecnológicos y las metodologías rigurosas, no existe un sistema capaz de abarcar todas las variables y posibilidades que se presentan en un entorno empresarial. La naturaleza del control interno es la de mitigar, no la de eliminar por completo los peligros. Esta realidad nos obliga a aceptar que, aunque podemos reducir la probabilidad de errores o fraudes, siempre habrá factores externos e internos que escapen a nuestra previsión.

El ser humano tiende a buscar la certidumbre, pero en la gestión de riesgos operativos, esta certidumbre es inalcanzable. Incluso en los sistemas más avanzados de control, hay un espacio para lo imprevisto, para las eventualidades que no se pudieron contemplar. Los entornos empresariales son dinámicos, y los peligros evolucionan con el tiempo, lo que significa que el control debe estar en constante adaptación. Sin embargo, esta adaptación nunca puede ser completamente exhaustivo, ya que los cambios pueden sobrevenir de manera abrupta o inesperada, como lo hemos visto con fenómenos globales como pandemias, crisis económicas o avances tecnológicos a los que hay que adaptarse.

Otro aspecto para considerar es la paradoja del control. Cuanto más se trata de regular cada aspecto de una operación, más complejos y costosos se vuelven los procesos, lo que a su vez introduce nuevas amenazas. Existen límites prácticos y financieros sobre cuántas verificaciones, inspecciones u observaciones se pueden implementar antes de que los procesos se vuelvan ineficientes. Es por eso por lo que el equilibrio entre control y eficiencia es crucial, ya que intentar controlar todo puede, irónicamente, generar un entorno propenso a fallas debido a la sobrecarga de procedimientos.

Además, está el factor de la incertidumbre inherente al comportamiento humano. El control interno puede diseñarse para prevenir comportamientos específicos, mas no puede anticipar cada acción o decisión individual. La creatividad humana, aunque es una fuente de innovación y mejora, también puede llevar a conductas que rompan con las normas y procedimientos establecidos. La flexibilidad, tanto en los empleados como en los sistemas, es necesaria para adaptarse a las circunstancias cambiantes, pero esta misma flexibilidad es lo que abre la puerta a vulnerabilidades.

Por otro lado, el enfoque absoluto en el control podría sofocar la iniciativa de los empleados y llevar a una cultura donde el cumplimiento de normas se convierte en una mera formalidad, en lugar de un verdadero compromiso con los objetivos de la empresa. Es vital recordar que, en última instancia, el objetivo del control interno es crear un ambiente que fomente la integridad y la toma de decisiones informada, más que crear un sistema impenetrable.

Aunque el control interno busca robustecer las defensas de una organización, es importante reconocer sus límites. El éxito de un buen sistema de control no radica en la pretensión de abarcar todas las posibles eventualidades, sino en mantener una estructura sólida que se adapte, evolucione y reconozca sus propias debilidades. La vulnerabilidad no es señal de fracaso, sino una realidad que debe gestionarse proactivamente.

**Un ejemplo de fracaso: fallas en el control interno, caso real ocurrido entre 1997 y 2002.**

En un país con un entorno empresarial vibrante, una gran empresa de energía emergió como un ícono de innovación y crecimiento. Durante años, se destacó por su capacidad para expandir sus operaciones y por sus promesas de sostenibilidad. Sin embargo, detrás de esta fachada de éxito, se ocultaban serias debilidades en su control interno operativo que, con el tiempo, llevarían a su colapso.

Desde la perspectiva operativa, es crucial identificar las fallas que permitieron que esta empresa operara de manera tan deficiente. La falta de supervisión y el diseño inadecuado de los procesos fueron los pilares sobre los que se construyó la tragedia. En primer lugar, los controles internos que debían supervisar las operaciones diarias eran poco rigurosos. Aunque existían procedimientos documentados, muchos empleados se sentían presionados a cumplir con metas agresivas. Esta presión generó un ambiente donde el monitoreo, la supervisión y las revisiones se ignoraban con frecuencia. La falta de una cultura organizacional que valorara la integridad y la transparencia contribuyó a que los empleados saltaran estos controles para alcanzar objetivos, convencidos de que los beneficios inmediatos superaban los riesgos.

Además, el control sobre las operaciones estaba fragmentado. Las distintas divisiones operaban con una independencia excesiva, lo que dificultaba la comunicación y la colaboración necesarias para una supervisión efectiva. Esta falta de integración llevó a que los controles de una división no se alinearan con los de otra, creando brechas significativas en el sistema de control.

Otro factor clave en la falla fue el conflicto de intereses que surgió entre la alta dirección y los auditores externos. Estos auditores, en lugar de actuar en defensa de la integridad y la transparencia, se convirtieron en cómplices. La presión para mantener la apariencia de éxito financiero llevó a la colusión, donde se ignoraron las irregularidades operativas. Esta complicidad no solo engañó a los inversionistas, sino que también dejó a la ciudad en una situación precaria cuando la verdad salió a la luz.

La dependencia excesiva en la automatización también jugó un papel crucial en la vulnerabilidad. Aunque se implementaron sistemas tecnológicos avanzados para gestionar la información y las operaciones, estos sistemas estaban mal configurados. La falta de capacitación del personal en el uso de estas herramientas contribuyó a la ineficacia de los controles automáticos. La empresa confió ciegamente en la tecnología, ignorando que la supervisión humana era esencial para validar y monitorear los procesos.

La complejidad de las operaciones amplificó aún más las fallas. La empresa había crecido tan rápidamente que los métodos se volvieron intrincados y difíciles de seguir. En lugar de simplificar y estandarizar, se generaron múltiples capas de procedimientos que, lejos de mejorar la eficiencia, aumentaron la probabilidad de error. Esta falta de claridad en los procesos operativos significaba que los empleados podían perderse en un laberinto de reglas, lo que dificultaba la identificación de fallas y desviaciones.

Con el tiempo, la cultura de la empresa se transformó en una que priorizaba la apariencia sobre la verdadera sustancia con la que operaban sus procesos. Se permitió que la burocracia excesiva sofocara los controles, de modo que se convirtieron en meras formalidades que se cumplían de manera superficial. Esto creó un ciclo vicioso donde las deficiencias operativas se encubrían con maquillaje administrativo, haciendo casi imposible detectar problemas reales.

*Lecciones Aprendidas*

La historia de esta empresa se convierte en un poderoso recordatorio de que el control no es un objetivo estático, sino un proceso dinámico que debe evolucionar constantemente. Cada falla, desde la falta de supervisión hasta la colusión de auditores, subraya la necesidad de un enfoque proactivo y continuo en la gestión de riesgos. La alta dirección debe estar comprometida con la creación de una cultura que valore la transparencia y la rendición de cuentas.

Este caso también resalta la importancia de la capacitación continua y de revisar periódicamente las actividades clave. La confianza en la automatización no debe llevar a la complacencia;

se debe complementar con una supervisión humana rigurosa. La vulnerabilidad del control es una realidad ineludible, sin embargo, con un enfoque en la mejora continua, es posible mitigar las amenazas y fortalecer la integridad operativa.

A medida que avanzamos en este libro, recordemos que el control, aunque falible, es fundamental para proteger la integridad de las operaciones de una organización. La historia de esta empresa debe servir como una advertencia para evitar repetir errores y construir sistemas que, aunque imperfectos, sean resilientes ante las inevitables sorpresas del entorno empresarial.

## El control interno busca proteger a la empresa, pero antepone la justicia, la legalidad, la equidad, la ética, la honestidad y la honradez.

*El control interno protege a la empresa al detectar vulnerabilidades y al asegurar que los procesos se alineen con la verdad, y la conserva en un equilibrio ético que mantiene su estabilidad y continuidad.*

**El control interno busca proteger a la empresa, pero antepone la justicia, la legalidad, la equidad, la ética, la honestidad y la honradez.**

El control interno tiene una misión clara: proteger a la empresa. Para comprender este objetivo, imaginémosla como una fortaleza, la cual está diseñada para resguardar a sus habitantes de amenazas externas e internas, sin embargo, su eficacia depende de que sus murallas sean sólidas y de que las puertas, puentes y torres estén bien vigilados. Su protección debe estar guiada por principios morales sólidos.

*Analogía de la fortaleza*

En una fortaleza, cualquier brecha en las murallas o descuido en la vigilancia puede ser aprovechado por enemigos que buscan causar daño desde el exterior o el interior. De manera similar, la organización necesita mantener sus procesos bajo constante vigilancia; esta es la esencia del control interno. Sin ella, vulnerabilidades como fugas en los egresos o errores pueden pasar desapercibidos hasta que el daño sea irreversible.

Al igual que en una fortaleza, donde todos los guardias tienen un papel crucial, proteger a la empresa no es solo una responsabilidad del sistema de control, sino de todos los empleados. Cada uno debe estar atento a los signos de debilidad que podrían poner en peligro la estabilidad de la organización. Sin embargo, esta vigilancia no debe sacrificar valores fundamentales como la justicia y la equidad, porque sin ellos, la fortaleza misma pierde su propósito.

*Prioridad de principios morales*

La seguridad industrial considera salvaguardar la integridad física de los empleados, pues son ellos la esencia de la operación.

La misión del control interno operativo es salvaguardar la fortaleza misma: la empresa. Este objetivo puede lograrse si sus acciones están alineadas con los valores fundamentales de justicia, legalidad, equidad, ética, honestidad y honradez. Estos principios son los cimientos sobre los que se construye una organización sólida y confiable.

- *Justicia:* asegura que las decisiones sean equitativas y correctas.
- *Legalidad:* garantiza que las acciones cumplan con las leyes.
- *Equidad:* procura un trato justo para todos.
- *Ética:* previene decisiones fundamentadas en intereses maliciosos.

- *Honestidad y honradez:* promueven la transparencia y la rectitud.

Intentar proteger a la empresa sin estos valores sería una contradicción en sí misma. El control interno busca asegurar la continuidad operativa del negocio y lo hace de una manera justa y moralmente correcta, sin perder la prioridad de la ética y justicia por encima de cualquier otro interés.

*Ejemplos prácticos*

El control también debe alinearse con los principios fundamentales de la organización, sin menospreciar la entrega de productos o servicios de calidad que satisfagan las necesidades de los clientes. En este contexto, las empresas deben buscar constantemente un equilibrio entre eficiencia y servicio:

- *En un sistema administrativo.* Automatizar procesos puede reducir costos, pero si esto implica respuestas mecánicas que frustran a los clientes, el control debe buscar alternativas quc mantengan el equilibrio.
- *En operaciones industriales.* Mejorar la velocidad de producción sin comprometer los estándares de calidad ni el daño al medio ambiente.
- *En operaciones financieras.* Aumentar la eficiencia nunca debe traducirse en una disminución del valor o cantidad del producto o servicio entregado.

Este enfoque resalta que el propósito del control interno no es solo prevenir fraudes o errores, sino garantizar que la empresa cumpla con su misión de manera ética y responsable.

**Un ejemplo de éxito: valores del control interno en un hospital.** En un hospital reconocido por sus cimientos sólidos de justicia, legalidad, equidad, ética, honestidad y honradez, ocurrió un caso ejemplar. Este hospital había definido su misión de proteger la integridad y salud de sus pacientes, y se abocó en un sistema de control interno fundamentado en principios morales inquebrantables.

Un grupo de pacientes con enfermedades complejas llegó al hospital buscando una última esperanza, ya que, en otros centros médicos, habían enfrentado negligencia y diagnósticos erróneos. En este hospital, encontraron un equipo comprometido no solo con el bienestar de sus pacientes, sino también con la rectitud y la equidad en su trato.

El departamento de control interno fue clave para garantizar que los procesos de diagnóstico y atención se realizaran con las mejores prácticas y un enfoque ético. Los protocolos eran transparentes, y cada caso fue revisado con respeto por la vida y la dignidad de los pacientes. Gracias a este compromiso, se lograron diagnósticos certeros y tratamientos que mejoraron la calidad de vida de los pacientes.

El caso ganó reconocimiento nacional y demostró que un sistema de control basado en principios morales no solo protege a la empresa —es decir, al hospital— sino que también beneficia a la sociedad. Este ejemplo inspiró a otros centros médicos a adoptar sistemas similares y reafirmar la importancia de un control interno que coloca la moralidad y el respeto por encima de cualquier interés.

*Reflexión final*

El control interno actúa como el guardián de la integridad organizacional y asegura que la empresa además de protegerse de los riesgos también opere de manera ética, justa y responsable. Al construir sus cimientos sobre principios morales sólidos, no solo salvaguarda, sino que también fortalece la reputación y contribuye al bien común.

## El control es natural, lo traemos por instinto.

*El control surge como un instinto humano que se adapta en las organizaciones para protegerlas, gestionar sus recursos y fomentar un ambiente de responsabilidad ante los riesgos.*

**El control es natural, lo traemos por instinto.**
Desde tiempos inmemoriales, el ser humano ha desarrollado mecanismos de control para garantizar su supervivencia y bienestar. Este instinto se manifiesta en decisiones cotidianas, como elegir con cuidado los alimentos que consumimos o establecer límites en nuestras relaciones interpersonales. En esencia, el control se presenta como un instinto natural que permite a los individuos gestionar y minimizar amenazas en su entorno, para favorecerles así un desarrollo más seguro y eficiente.

*El sistema de control en el ámbito empresarial*
En el entorno empresarial, este instinto natural se traduce en la necesidad de establecer procedimientos y políticas que protejan los recursos de la organización. Al igual que un padre que cuida de su hijo, la alta dirección debe adoptar un enfoque protector hacia sus activos y asegurarse de que se utilicen de manera adecuada y responsable. Esta protección no solo se basa en normas y regulaciones, sino también en una comprensión intuitiva de la

importancia de preservar lo que se ha construido con esfuerzo y dedicación.

Por naturaleza el control se refleja en la capacidad de anticiparse a posibles problemas. Al igual que un navegante que observa el clima antes de zarpar, las organizaciones deben estar atentas a las señales que indican riesgos potenciales. Esta intuición de vigilancia permite implementar medidas preventivas que minimicen la probabilidad de fallas o errores, para así fortalecer la estructura interna de la empresa.

*La relación entre control interno y cultura organizacional*

El control interno está intrínsecamente vinculado a la cultura organizacional. Las empresas que fomentan un ambiente de ética y responsabilidad tienden a tener empleados más comprometidos y alertas. Esta relación se asemeja a cómo los seres humanos, desde pequeños, aprenden a discernir entre lo correcto y lo incorrecto a través de la educación y la experiencia. De esta manera, el instinto de control se nutre de valores compartidos que guían el comportamiento de cada miembro de la organización.

Cuando se reconoce que el control es natural, se puede abrazar la idea de que no se trata solo de cumplir con regulaciones, sino de fomentar un sentido de pertenencia y responsabilidad en cada individuo. En el momento en que los empleados se sienten parte del sistema de control, se genera un ambiente donde todos trabajan hacia un objetivo común: el éxito de la organización. Este enfoque colectivo refuerza la noción de que el control no es solo una herramienta, sino una parte intrínseca de nuestra naturaleza humana.

*Un solo control no es control interno*

Existe un dicho popular que afirma: «Una golondrina no hace verano». Su significado es claro: un solo evento aislado no es suficiente para definir una realidad completa. Esta misma lógica se aplica al control interno: un solo control no es control interno.

El control interno en ningún momento se trata de una acción puntual ni de un mecanismo aislado. Implementar una sola política, un solo procedimiento o una sola revisión para decir que la empresa está protegida, es un desacierto. El control interno es un entorno, una atmósfera que envuelve a toda la organización. Es un ecosistema donde cada componente —políticas, procesos, supervisión, cultura organizacional y tecnología— se interconecta para fortalecer la estructura de control y minimizar riesgos.

Cuando se piensa en control interno, es un error enfocarse únicamente en medidas individuales. Un único candado en una puerta no resguarda un edificio entero si hay otras entradas desprotegidas. Un solo supervisor atento no garantiza la integridad de un proceso si el resto de los empleados están desalineados con los principios de control. Un control aislado puede mitigar un riesgo específico, pero será insuficiente para sostener toda la estructura.

Por eso, el control interno debe concebirse como un todo: la suma de controles bien diseñados, la suma de políticas que establecen reglas claras, la suma de procesos que garantizan la ejecución adecuada de cada actividad. Si estos elementos se combinan de manera armónica, la organización puede decir que cuenta con un verdadero sistema de control.

Así como el verano no llega con la simple aparición de una golondrina, una empresa no puede considerarse bien controlada por la existencia de un solo mecanismo. El control interno debe respirarse en la cultura organizacional, debe integrarse en la toma de decisiones y debe ser un reflejo del compromiso de todos los niveles de la empresa.

**Un ejemplo de éxito: la panadería familiar.**
Una panadería familiar ha operado en la misma localidad durante más de 30 años. Fundada por los abuelos de la actual dueña, María, el negocio ha crecido de un pequeño establecimiento a una empresa con múltiples sucursales en la región. A pesar del crecimiento, la panadería se ha mantenido fiel a sus principios: calidad, frescura y atención al cliente.

Desde sus inicios, la familia entendió la importancia de proteger sus recursos y asegurar la calidad de sus productos. Aunque no usaran una terminología formal, reconocieron que cuidar las herramientas de trabajo, preservar el conocimiento y transmitirlo a las nuevas generaciones era esencial para el éxito del negocio.

María, ahora al frente de la dirección, ha implementado procedimientos que garantizan la calidad del pan y la seguridad alimentaria, junto con el cuidado de los recursos y la continuidad del legado familiar.

María desarrolló un manual de operaciones detallado que abarca desde la selección de ingredientes hasta la entrega del producto final. Esto asegura la calidad y minimiza los riesgos de errores. Por ejemplo, la panadería mantiene un control estricto sobre su cadena de suministro, por ello trabaja únicamente con proveedores certificados.

La empresa invierte en la capacitación de sus empleados, con lo que promueve un ambiente en el que cada miembro entiende la importancia de su papel en la calidad del producto. Las reuniones mensuales evalúan resultados y refuerzan la cultura de responsabilidad entre los empleados y con ello logran un equipo comprometido.

Siguiendo su instinto de vigilancia, María implementó un sistema de monitoreo diario de ventas e inventarios. Este análisis permite detectar patrones que podrían indicar problemas, como una disminución en la demanda de un producto específico. Gracias a esto, la panadería ajusta su producción, minimiza el desperdicio y mejora su rentabilidad.

La aplicación de estos controles internos ha tenido un impacto positivo en la organización. La panadería ha mantenido su reputación de calidad y ha logrado un crecimiento sostenido, pues ha abierto tres nuevas sucursales en los últimos cinco años. Este éxito se debe en gran medida al enfoque instintivo hacia el control interno, que ha garantizado la protección de los recursos y el compromiso con la excelencia.

El caso de esta panadería ilustra cómo el control, cuando se ve como un instinto natural, puede ser fundamental para el éxito y la sostenibilidad de una empresa familiar. La combinación de procedimientos bien establecidos, una cultura de responsabilidad y la capacidad de anticiparse a los problemas refuerza la idea de que el sistema de control no es únicamente un conjunto de normas, sino un principio esencial arraigado en la naturaleza humana de proteger lo que valoramos. Este enfoque asegura la continuidad del negocio, y también fomenta un sentido de pertenencia y responsabilidad colectiva.

## El control interno carece de valor si a la alta dirección no le interesa o si desconoce los beneficios que le puede dar.

*El verdadero control interno florece solo cuando la alta dirección lo abraza con compromiso y cuando empodera a cada miembro de la organización para construir juntos un futuro sólido y sostenible.*

**El control interno carece de valor si a la alta dirección no le interesa o si desconoce los beneficios que le puede dar.**
El control interno solo adquiere su verdadera fuerza cuando la alta dirección lo respalda plenamente. Mientras que la alta dirección se compromete y reconoce los beneficios que le aporta, el esfuerzo del departamento de control interno se fortalece y gana efectividad. Es esencial que el liderazgo impulse una cultura organizacional que valore y apoye el sistema de control, pues su respaldo define la solidez y la credibilidad de los procesos internos de la empresa.

El control interno debe estar respaldado desde los niveles más altos de la organización, porque sin la dirección clara y firme, las mejoras en los procesos no pueden implementarse con agilidad y consistencia. Solo con su visión estratégica y su apoyo incondicional, el control interno puede generar cambios sostenibles y efectivos en la organización. La autoridad y el compromiso del comité ejecutivo son los catalizadores que permiten que los ajustes se implementen de manera efectiva y con la rapidez necesaria para mitigar riesgos.

*El rol de la alta dirección en el empoderamiento del departamento de control interno*

El empoderamiento del departamento de control interno por parte de la alta gerencia es un proceso integral que va más allá de la simple asignación de tareas o recursos. Implica un compromiso auténtico y continuo con el fortalecimiento de los controles, y se basa en tres pilares fundamentales:

- *Predicar con el ejemplo.* La dirección debe ser la primera en cumplir con las políticas y los procesos establecidos. Si los líderes de la organización, desde el director general hasta los mandos intermedios, incumplen con las reglas o no motivan a sus equipos a seguirlas, el control interno pierde su valor. Lejos de fortalecerlo, el incumplimiento de las normas por parte de los altos mandos entorpece y debilita los controles internos. Las malas prácticas tienden a permear rápidamente al resto de la organización, especialmente cuando provienen de los líderes, y pueden convertirse en una «enfermedad» que amenaza la estabilidad y viabilidad del negocio.

- *Comunicar la importancia del control interno.* Predicar con el ejemplo es esencial, pero insuficiente. El alto mando debe comunicar de manera clara y constante que este aspecto es prioritario para la empresa y que los procesos deben seguirse tal como se han definido. Este es el punto crítico del verdadero empoderamiento: dejar claro que el departamento de control interno es la columna vertebral del desarrollo sano de la organización. Las peticiones del área deben ser atendidas de manera oportuna, y desatenderlas debe interpretarse como una falta directa hacia el alto mando. El respeto y la cooperación con dicho departamento deben considerarse como una extensión de las órdenes de la alta dirección.
- *Asegurar los recursos necesarios.* Para que el departamento de control interno pueda llevar a cabo su labor de manera efectiva, se le deben proporcionar los recursos financieros, humanos y tecnológicos adecuados. Sin estos recursos, el control interno pierde su capacidad de cobertura y presencia en áreas críticas de la empresa, lo que debilita su eficacia y, en consecuencia, el control sobre la organización. El alto mando tiene la responsabilidad de asignar los recursos necesarios para que el departamento opere de manera eficiente y pueda adaptarse a las nuevas demandas del entorno.

El verdadero empoderamiento se evidencia en el momento en que el departamento de control interno recibe la información solicitada en los plazos y condiciones acordados, cuando el auditado dedica el tiempo suficiente a las peticiones del auditor en sus revisiones e inspecciones, y cada vez que las recomendaciones emitidas son acatadas, evaluadas y, en su caso, implementadas. Además, la alta dirección debe revisar los informes de dicho departamento, seguir de cerca los hallazgos y participar activamente en la corrección de las fallas o deficiencias identificadas.

*Fomentar la cultura de control interno*

La dirección también debe ser la principal promotora de una cultura organizacional que valore el control interno. Este tipo de cultura se construye con el tiempo y requiere de un compromiso constante. La comunicación transparente y la rendición de cuentas son componentes clave para lograr que todos los miembros de la organización comprendan la importancia de esta cultura y asuman su responsabilidad en su implementación. Si la dirección superior no da el ejemplo ni refuerza este mensaje, es probable que los empleados subestimen la importancia del control interno y su implementación se vea comprometida.

La alta dirección debe velar por que el control interno sea percibido como una herramienta que beneficia a toda la organización y así protegerla de riesgos y contribuir a la mejora continua de sus procesos, en lugar de como una carga burocrática.

*El departamento de control interno: columna vertebral del proceso de mejora*

Es crucial que este departamento reciba el respaldo necesario para funcionar correctamente y no solo debe ser en términos de recursos, sino también en cuanto a la confianza de que sus informes y recomendaciones serán tomados en serio. Cuando la dirección ejecutiva respalda a dicho departamento, este puede trabajar de manera más efectiva, ser imparcial en sus evaluaciones y ofrecer recomendaciones objetivas para mejorar los procesos. Esta relación estrecha entre la alta dirección y el departamento permite que este se convierta en el principal pilar de información para aquella en materia de control y supervisión.

A su vez, el departamento de control interno debe responder a este empoderamiento con profesionalismo, ética y responsabilidad. Sus objetivos son cumplir con sus funciones, contribuir activamente al logro de los objetivos organizacionales y mantener siempre una comunicación efectiva con la alta dirección. Una comunicación abierta y fluida entre ambos departamentos refuerza la confianza mutua y permite que las decisiones se tomen con base en información clara y precisa.

*Un ejemplo práctico*

Imaginemos que, en el almacén de una empresa, el responsable comete una serie de errores operativos que afectan directamente el control interno:

- Saca producto sin registrarlo en el sistema.
- Recibe producto sin verificar la cantidad correcta y lo registra sin ninguna comprobación.
- Coloca el producto en cualquier lugar del almacén sin llevar un control adecuado de las fechas de caducidad, lo que provoca que al surtir el producto se entregue el más reciente y se olvide el más antiguo, que pronto caducará.

Si el departamento de control interno se limita a informar mensualmente sobre las diferencias de inventario al responsable del almacén, estos reportes carecerán de impacto para solucionar el problema. En lugar de enfocarse exclusivamente en el impacto económico de las discrepancias, el departamento de control interno debe comunicar directamente a la alta dirección. El informe debe resaltar las causas operativas que originan las diferencias en el inventario, y subrayar que, aunque el impacto económico inmediato pueda parecer manejable, las fallas en los procesos pueden derivar en pérdidas exponenciales si no se corrigen a tiempo.

Este ejemplo ilustra cómo el verdadero empoderamiento del departamento de control interno radica en su capacidad de comunicar las causas subyacentes de los problemas a la alta dirección, y en que esta última tome las medidas correctivas adecuadas. Al identificar y atacar la raíz del problema, el departamento de control interno además de proteger los intereses financieros de la empresa también fortalece los procesos internos que garantizan la sostenibilidad y eficiencia operativa en el largo plazo.

**Un ejemplo de éxito: cadena de tiendas de** retail.

Una cadena de tiendas de *retail*, especializada en productos de consumo diario, experimentó pérdidas significativas que afectaban su rentabilidad y viabilidad a largo plazo. La compañía se enfrentaba a robos internos, errores de inventario y una creciente insatisfacción del cliente. La alta dirección decidió actuar al reconocer que estos problemas amenazaban su estabilidad.

Dado que la empresa carecía de un departamento de control interno, la alta dirección optó por solicitar el servicio de un despacho especializado en auditoría y consultoría. Este despacho se encargó de realizar un análisis exhaustivo de los procesos existentes y de identificar las áreas críticas que necesitaban atención. El informe inicial reveló que la falta de controles adecuados permitía que los robos y los errores de inventario pasaran desapercibidos, a la vez que generaban pérdidas que ascendían a miles de euros anualmente.

Con base en los hallazgos del despacho, la alta dirección decidió establecer un departamento de control interno. Este equipo fue creado para supervisar y auditar los procesos, y para cimentar las bases de una cultura organizacional orientada a la prevención, la eficiencia y la eficacia. El despacho colaboró en la definición de los objetivos del nuevo departamento, que incluían:

- Desarrollar e implementar políticas de seguridad para la prevención de robos y pérdidas.
- Establecer un sistema de control de inventarios que garantizara una gestión precisa y eficiente de los productos.
- Capacitar al personal en la importancia del control interno y en las nuevas políticas establecidas.

Tras la implementación de estas medidas, la empresa comenzó a notar resultados positivos. Las pérdidas por robos se redujeron significativamente, gracias a la mejora de los controles de seguridad y a la capacitación del personal en la detección de comportamientos sospechosos. Además, el nuevo sistema de control de inventarios permitió identificar errores operativos y mejorar la precisión de los registros, lo que resultó en una gestión más eficiente de los productos.

La moral de los empleados también experimentó un cambio positivo. Al crear un ambiente más seguro y estructurado, los empleados se sintieron más valorados y comprometidos con la empresa. Esto se tradujo en un aumento de la satisfacción del cliente, que se reflejó en un crecimiento en las ventas y en la lealtad de los consumidores.

Este caso resalta la importancia del compromiso de la alta dirección en el empoderamiento del control interno. La decisión de solicitar ayuda externa fue crucial, ya que permitió a la empresa construir un departamento sólido que promoviera una cultura de control y prevención. Asimismo, se demostró que el control interno es una labor conjunta que involucra a todos los miembros de la organización.

Al final, la cadena de tiendas logró recuperar su rentabilidad y también sentó las bases para un crecimiento sostenible a largo plazo, con lo que logro establecer un modelo de gestión que priorizaba la seguridad y la eficiencia.

## En todo momento, el control interno busca la verdad.

*El control interno busca la verdad a través de la transparencia, la supervisión y la ética, fundamentales para prevenir fraudes y fortalecer la sostenibilidad organizacional.*

**En todo momento, el control interno busca la verdad.**
El control interno es un conjunto de procesos y políticas diseñado para garantizar que las operaciones de una organización se lleven a cabo de manera eficiente y efectiva. En este contexto, la búsqueda de la verdad se erige como un principio fundamental que trasciende la simple validación de procedimientos. Implica que cada acción, registro y verificación esté orientada a descubrir y resaltar la realidad de las transacciones y eventos dentro de la empresa. La transparencia en la información además de ser esencial para la toma de decisiones informadas también establece un clima de confianza con los socios comerciales y otros actores clave.

*La veracidad como base de la ética corporativa*
La veracidad está intrínsecamente ligada a la promoción de una cultura organizacional basada en la ética y la integridad. Cuando los líderes corporativos adoptan un enfoque ético, se convierten en referentes que inspiran a los demás a actuar de manera honesta, responsable y transparente. Este liderazgo ético fortalece el compromiso con los valores corporativos y asegura que la sinceridad y la honestidad sean pilares en la toma de decisiones estratégicas.

*Tecnología como aliado en la búsqueda de la verdad*
En un entorno empresarial moderno, las herramientas tecnológicas desempeñan un papel crucial en el fortalecimiento del control. Sistemas como los ERP (*Enterprise Resource Planning*), combinados con técnicas avanzadas de análisis de datos, permiten una monitorización constante y precisa de las operaciones. Estas herramientas facilitan la identificación temprana de irregularidades y garantiza que los datos utilizados para la toma de decisiones sean confiables y estén actualizados.

*Relación entre la verdad y la toma de decisiones*
La calidad de las decisiones estratégicas depende directamente de la veracidad de los datos disponibles. El sistema de control debe garantizar que la información presentada sea precisa y confiable. Esto aparte de evitar errores costosos, también posiciona a la organización para adaptarse a desafíos y cambios del entorno.

*La verdad como eje central del control interno*
La búsqueda de la verdad, lejos de ser un proceso técnico, es una filosofía organizacional que permea todos los niveles. Al priorizar la transparencia, la ética y el uso de tecnologías avanzadas, las empresas pueden crear un entorno resiliente y proactivo. Este

enfoque tan importante como fortalecer el sistema de control, contribuye también en promover una cultura en la que todos los empleados se sienten empoderados para aportar al éxito de la organización.

En última instancia, la búsqueda de la verdad es una herramienta para detectar irregularidades y un motor para el aprendizaje continuo y la evolución estratégica. La empresa que hace de la verdad su principio rector está mejor preparada para enfrentar retos y construir un futuro sostenible.

**Un ejemplo de fracaso: fraude en el sector de la construcción**

Una empresa de construcción, con aproximadamente 25,000 empleados y unos ingresos anuales de 10,000 millones de euros, enfrentó graves acusaciones de corrupción y fraude en la obtención de contratos gubernamentales. Este caso muestra cómo la ausencia de controles internos efectivos puede tener consecuencias devastadoras.

*Detalles del caso:*

- *Prácticas de licitación:* algunos empleados favorecían a ciertas empresas a cambio de comisiones ilegales debido a la falta de auditorías robustas y criterios claros de selección.
- *Gestión de contratos:* la supervisión inadecuada permitió la inflación de costos y la entrega de obras de calidad inferior.
- *Cultura corporativa:* la ausencia de un canal seguro para reportar irregularidades fomentó un ambiente donde las prácticas corruptas se normalizaron.

*Consecuencias:*

- *Legales:* multas millonarias y sanciones gubernamentales.

- *Reputacionales:* pérdida de contratos futuros y confianza pública.
- *Financieras:* disminución significativa de ingresos y capacidad de inversión.
- *Lecciones para mejorar el control interno:*
- *Importancia de la transparencia:* políticas que promuevan procesos claros y abiertos.
- *Canales de reporte seguros:* mecanismos anónimos para fomentar la integridad.
- *Supervisión efectiva:* auditorías constantes para detectar discrepancias.
- *Capacitación en ética:* formación continua sobre valores y responsabilidad corporativa.

## Desde el punto de vista médico, lo más importante que tiene el ser humano es la salud; desde el punto de vista del control interno, la libertad.

*En control interno, la libertad es el bien más valioso, preservada por la integridad y la disciplina; sin ella, tanto la empresa como sus empleados se vuelven vulnerables a riesgos y consecuencias legales.*

**Desde el punto de vista médico, lo más importante que tiene el ser humano es la salud; desde el punto de vista del control interno, la libertad.**

En el ámbito médico, la salud es el bien más preciado para el ser humano, pues sin ella la vida misma y las actividades cotidianas se ven limitadas. En un sistema de control, el bien supremo para el individuo es la libertad, la cual, al igual que la salud, se puede ver seriamente comprometida si no se toman las precauciones necesarias. Así como el descuido de la salud puede llevar a la enfermedad, la falta de integridad en las actividades laborales puede hacer que una persona pierda su libertad, cayendo en prácticas ilícitas que, aunque momentáneamente parezcan beneficiosas, conllevan un alto costo personal y legal.

Muchos han dejado de ser libres debido a actos indebidos en sus empleos, motivados a veces por descuidos, y en otras ocasiones, por decisiones conscientes que desafían las normas y controles internos de la organización. En este sentido, un sistema de control protege los activos de la empresa y también funciona como un protector de la libertad de cada empleado, al prevenirles que caigan en situaciones que podrían poner en peligro su integridad y la de sus seres queridos. La libertad, al igual que la salud, requiere de vigilancia y disciplina para preservarse.

*Las consecuencias legales de la ausencia de control*

Una empresa sin controles internos adecuados es como un paciente con un sistema inmunológico debilitado, vulnerable a todo tipo de infecciones externas. En el caso empresarial, estas «infecciones» son los fraudes, los desvíos de recursos y otros actos ilícitos que, en última instancia, pueden llevar a los individuos responsables a enfrentarse a la justicia penal.

Muchos casos han demostrado que aquellos que cometen actos ilícitos en sus empresas, eventualmente terminan enfrentando consecuencias legales. Las personas que en su momento pensaron que las fallas del sistema les permitirían evadir la justicia, han terminado ante jueces de lo penal, y muchos han visto su libertad comprometida al ser encontrados culpables. Esta pérdida de libertad personal es una manifestación clara de la importancia de un control interno sólido: proteger a la empresa y además a sus empleados de tentaciones que puedan llevarlos por caminos ilícitos.

*La libertad que otorga el control*
Por el contrario, una empresa con un control fuerte y eficaz disfruta de una libertad operativa en el verdadero sentido de la palabra. Esta libertad se manifiesta en la confianza de que las operaciones se llevan a cabo de manera segura, que los recursos están protegidos y que la amenaza de fraude o de otros actos ilícitos es mínima. Esta libertad es lo que permite que la organización se enfoque en su crecimiento y en el cumplimiento de sus objetivos estratégicos, sin la constante preocupación de que fallos internos puedan comprometer su integridad.

La libertad, desde el punto de vista del control interno, es entonces aquella que nace de la seguridad. Es la capacidad de operar en un entorno donde los riesgos están identificados, controlados y mitigados, y donde tanto la empresa como sus empleados están protegidos de los efectos destructivos de la ilegalidad y la falta de ética.

## Por los principios esenciales y el alcance

## El control interno no se basa en la confianza.

*La fortaleza del control interno radica en hechos y evidencias donde la confianza se transforma en responsabilidad compartida sin perder la transparencia y la eficacia en cada acción.*

**El control interno no se basa en la confianza.**
El control interno se fundamenta en hechos y evidencias que demuestran la veracidad de las operaciones realizadas. La confianza, en cambio, representa un obstáculo para la efectividad de los sistemas de control. Esta noción se ve reforzada al observar cómo la flojera y la ignorancia a menudo se entrelazan con la confianza. La flojera induce a las personas a omitir verificaciones necesarias, mientras que la ignorancia puede llevar a una ciega aceptación de lo que se presenta.

Por ejemplo, imagine que un gerente debe autorizar un pago a un proveedor. Su responsabilidad es contrastar el monto del egreso con el valor de la factura y asegurarse de que el beneficiario coincida con el nombre del emisor de dicha factura. Sin embargo, por la comodidad que brinda la flojera, puede decidir no llevar a cabo estas validaciones. Así, la flojera conduce al gerente a confiar en la información presentada y omitir los pasos críticos que son esenciales para un control interno robusto.

*Estrategias para disminuir la confianza y fortalecer el control interno*
Para fortalecer el control interno operativo y minimizar la dependencia de la confianza, se pueden implementar diversas estrategias que aseguren una ejecución adecuada de los procesos. Estas estrategias no solo abordan la confianza de manera directa, sino que también se alinean con principios fundamentales del control interno.

*Documentación rigurosa:* es esencial que quien diseña los procesos garantice que cada actividad esté respaldada por documentación adecuada. Esta evidencia es crucial para verificar que cada paso se haya llevado a cabo correctamente y a tiempo. Un registro meticuloso no solo refuerza la transparencia, sino que también previene la confianza ciega en la ejecución de los procesos.

*Segregación de funciones:* la adecuada distribución de responsabilidades entre diferentes personas es un principio clave en el control interno. Al asegurar que las tareas se dividan entre varios empleados, se evita el riesgo de que una sola persona tenga un control excesivo. Esto actúa como un sistema de verificación, donde cada actividad se revisa antes de proceder a la siguiente, disminuyendo así la posibilidad de errores por confianza excesiva.

*Auditorías internas periódicas:* la realización de auditorías regulares es fundamental para el monitoreo efectivo del control interno. Estas auditorías funcionan como el «oxígeno» que nutre el sistema de control, y permiten identificar fallas, incluidas aquellas provocadas por la flojera. La revisión continua asegura que la confianza no sustituya la debida diligencia.

*Políticas y procedimientos claros:* establecer políticas y procedimientos bien definidos y accesibles para todos los empleados es vital. La falta de claridad puede llevar a errores por ignorancia, que, a su vez, alimentan la confianza inapropiada en los procesos. Documentos claros y simples son herramientas que facilitan una ejecución precisa y fundamentada.

*Capacitación y concienciación constantes:* la educación y formación continua del personal son esenciales para combatir la ignorancia, que a menudo se traduce en confianza infundada. Al proporcionar a los empleados una comprensión profunda de la importancia de sus funciones y el impacto que tienen en la organización, se fomenta una cultura de responsabilidad y atención al detalle.

*Tecnología y automatización:* el factor humano es una fuente común de errores en los procesos. La incorporación de tecnología y la automatización de tareas permiten reducir la intervención humana y minimizar así las fallas ocasionadas por una confianza desmedida. Estas herramientas ayudan a garantizar la consistencia y precisión en la ejecución de las actividades.

*Comunicación abierta:* fomentar un entorno en el que los empleados se sientan seguros para reportar irregularidades es fundamental. La posibilidad de informar sobre acciones indebidas sin temor a represalias puede prevenir fallas originadas en el abuso de confianza. Una cultura de comunicación abierta promueve la transparencia y el compromiso con el control interno.

Estas estrategias no solo ayudan a disminuir la confianza y fortalecer el control interno, sino que también establecen un marco sólido para una gestión eficiente y efectiva. Al implementar estos recursos, las organizaciones pueden asegurar que el control interno esté fundamentado en evidencias y procesos robustos, en lugar de depender de la confianza.

Dejar de lado la confianza en el control interno es más que una buena práctica; es una necesidad que protege la integridad y el futuro de la empresa. Confiar es fácil, pero garantizar la seguridad y veracidad en cada operación requiere dedicación, rigor y compromiso con el proceso. Solo cuando cada acción se sustenta en pruebas y verificaciones precisas, la organización puede avanzar con la certeza de que cada paso es firme y seguro. Al priorizar la evidencia sobre la confianza, creamos una cultura de control interno que, más allá de resguardar los intereses de la empresa, honra sus principios y refuerza su capacidad de afrontar los riesgos con firmeza. En un mundo empresarial en constante cambio, este enfoque no solo fortalece al departamento de control interno, sino que impulsa a toda la organización hacia un éxito verdaderamente sostenible y ético.

**Un ejemplo de fracaso: el procesamiento de la nómina.**

Una empresa de servicios de transporte de personal, que cuenta con cinco oficinas administrativas distribuidas en diferentes regiones del país y con 45 sucursales que operan directamente el servicio de transporte, tiene 850 empleados y logra ingresos anuales de 2.4 millones de euros. La oficina administrativa principal se encuentra en una de las ciudades más importantes, y es ahí donde se concentran los sistemas centrales, entre ellos el sistema de nómina, un componente clave pero vulnerable en su estructura de control interno.

El sistema de nómina de la empresa presenta fallas importantes en su estructura de control. Carece de restricciones y permite la generación repetida de períodos de nómina sin alertar o escalar estas acciones a niveles superiores, creando un entorno donde es posible modificar datos sensibles, como descuentos y bonificaciones, sin requerir autorización. Además, el sistema carece de mecanismos efectivos para prevenir y detectar alteraciones en los datos, dejándolos expuestos a la manipulación.

El gerente de nómina de la empresa supervisa el área y cuenta con cuatro subordinados. Entre estos, uno destaca por su antigüedad y conocimiento profundo tanto del sistema de nómina como de los procesos administrativos asociados. El gerente ha depositado toda su confianza en este empleado, al punto de delegar en él la ejecución total del proceso de nómina. Debido a esta relación de confianza y a la experiencia del subordinado, el gerente ha decidido no involucrarse en la revisión ni en la validación de los datos del proceso de nómina, confiando en que el empleado no alteraría la información que maneja.

Durante una auditoría interna, el departamento de auditoría detectó la ausencia de una revisión de los procesos de nómina por parte del gerente. La auditoría recomendó que el gerente de nómina participara directamente en la aprobación del proceso de nómina, con el fin de añadir una capa adicional de control sobre la ejecución de los pagos. Sin embargo, el gerente respondió con firmeza, afirmando que no consideraba necesaria esta intervención, pues confiaba plenamente en su subordinado de mayor antigüedad.

Varios meses después, el mismo gerente de nómina descubrió una anomalía significativa en los pagos de bonificaciones. Al revisar los pagos de un bono específico asignado a su subordinado de confianza, el gerente notó que el monto abonado era considerablemente superior al aprobado. Esto lo obligó a investigar el caso y a reportar la situación a instancias superiores.

En la auditoría especial que se llevó a cabo a raíz de este hallazgo, se reveló que el empleado de confianza del gerente había defraudado a la empresa en casi 200 mil euros durante un período de año y medio. La investigación detallada demostró que el empleado había estado manipulando el proceso de nómina de la siguiente manera:

1. Procesaba inicialmente la nómina con datos alterados, incluyendo bonos y compensaciones inflados para él mismo.
2. Generaba un archivo de transferencia electrónica con los datos manipulados, que era el archivo utilizado para realizar los pagos.
3. Posteriormente, ejecutaba un segundo proceso de nómina con los datos correctos y generaba un archivo limpio, que era el que el gerente de nómina firmaba como documento oficial del proceso de nómina. Sin embargo, el gerente no revisaba ni validaba los datos antes de firmar, confiando en

que el proceso había sido realizado correctamente por su subordinado.

El archivo alterado se utilizaba para los pagos bancarios, mientras que el archivo limpio se conservaba como respaldo oficial en la empresa, de modo que los registros internos mostraban datos correctos, pero los pagos ejecutados incluían montos fraudulentos.

*Fallas identificadas en el sistema de control interno:*

- *Excesiva confianza en el factor humano:* el gerente de nómina depositó una confianza absoluta en su subordinado, quien desempeñaba una función crítica dentro de la empresa. Esta confianza fue la base para que se omitieran verificaciones y autorizaciones adicionales, facilitando así el fraude.
- *Sistema de nómina vulnerable:* el sistema de nómina tenía un diseño deficiente, ya que operaba de forma aislada del sistema principal de la empresa y dependía de archivos de texto fácilmente manipulables. Este diseño aumentaba el riesgo de alteraciones en los datos sin la posibilidad de controlarlas adecuadamente. Es esencial que sistemas críticos como la nómina operen dentro de un ERP centralizado, con procesos y autorizaciones integradas que limiten el acceso y los cambios no autorizados.
- *Falta de respuesta del departamento de auditoría:* aunque el departamento de auditoría detectó una deficiencia y recomendó que el gerente de nómina participara en la revisión del proceso, no actuó con suficiente rigor cuando el gerente desestimó la recomendación. En lugar de escalar la advertencia a niveles superiores, aceptaron la respuesta

del gerente, sin tener en cuenta el riesgo asociado con su negativa.

- *Ausencia de controles automatizados:* la dependencia de la revisión manual y la falta de controles automatizados en el sistema de nómina dejaron vulnerables los procesos a manipulaciones y errores humanos. Un sistema con controles automáticos, que no permita la duplicación de períodos de nómina ni la modificación de datos críticos sin autorización, habría ayudado a prevenir este tipo de fraude.
- *Comunicación débil entre áreas de control:* la interacción entre el departamento de nómina y el departamento de auditoría interna mostró una comunicación deficiente. La falta de seguimiento y escalamiento adecuado frente a la respuesta no convincente del gerente expuso a la empresa a un riesgo que se materializó en pérdidas significativas.

*Causas subyacentes:*

- *Deficiencias en la capacitación y la supervisión:* la falta de capacitación en la importancia de la validación y supervisión en los niveles gerenciales permitió que el gerente de nómina se sintiera cómodo en delegar tareas sin asegurar los controles adecuados.
- *Escasa cultura de control interno:* la cultura organizacional basada en la confianza en lugar de en evidencia y verificación permite que se adopten prácticas peligrosas que facilitan el fraude.
- *Inadecuada segregación de funciones:* no existía un proceso de revisión independiente que asegurara que una persona diferente verificara los datos procesados, especialmente en una operación tan crítica como la nómina.

Este ejemplo ilustra cómo la confianza excesiva en un empleado, la falta de controles tecnológicos adecuados y una cultura organizacional que no prioriza el control interno conducen a la vulnerabilidad. El control interno debe basarse en evidencia, revisiones y automatización para reducir la dependencia del factor humano. Al priorizar pruebas y controles precisos sobre la confianza, la empresa puede proteger su integridad y prevenir fraudes futuros, construyendo así un entorno sólido y seguro que respalde su crecimiento y sostenibilidad.

## El control interno no está peleado con la amistad, pero la mantiene al margen.

*El control interno no rechaza las relaciones personales, pero debe mantenerlas al margen para evitar que la colusión comprometa la imparcialidad y la protección de los procesos.*

**El control interno no está peleado con la amistad, pero la mantiene al margen.**

El control interno, por su propia naturaleza, debe preservar la imparcialidad y la objetividad en los procesos operativos de la empresa. Si bien la cordialidad entre empleados, proveedores y clientes es un factor que contribuye a un ambiente laboral armonioso y saludable, es crucial mantener esa cordialidad dentro de límites profesionales.

Cuando las relaciones dentro de la empresa se vuelven demasiado estrechas, ya sea en forma de amistades profundas, compadrazgos o relaciones románticas, el control interno puede verse comprometido. La razón es sencilla: solo se necesitan dos personas con intereses personales alineados para alterar o violar un proceso, lo que puede desembocar en corrupción o en la falta de transparencia.

El departamento de recursos humanos debe desempeñar un papel activo en la observación del comportamiento entre los empleados, especialmente cuando las relaciones personales trascienden el plano profesional. En estos casos, es necesario evaluar la situación con cautela y, si se demuestra que una relación pone en riesgo los controles internos, tomar decisiones preventivas para proteger la integridad de los procesos.

Una de las industrias más estrictas en este aspecto es la banca. Las instituciones financieras suelen ser muy rigurosas en sus políticas de contratación, pues evitan, por ejemplo, emplear a familiares cercanos de quienes ya forman parte de la organización. Además, en casos de relaciones románticas entre empleados, es habitual que se decida que uno de los involucrados deba abandonar la empresa para evitar cualquier riesgo de conflicto de intereses. Estas políticas refuerzan la importancia de mantener la objetividad y la transparencia en todas las operaciones.

El control interno no se opone a la amistad, pero exige que esta se mantenga en los márgenes de la cordialidad profesional, para así asegurar que los intereses personales no interfieran en la protección de los procesos y recursos de la empresa.

**Un ejemplo de fracaso: una estrecha amistad.**

En una empresa comercializadora de útiles escolares, el gerente de la tienda, quien llevaba ocho años en la compañía, comenzó una amistad cercana con una de las vendedoras recién contratadas. Esta relación evolucionó rápidamente hasta convertirse en un noviazgo, algo que ambos empleados hicieron público al cabo de unos meses. Aunque desde su perspectiva no existía ninguna violación a las políticas internas, ya que ambos eran solteros, los rumores entre sus compañeros no se hicieron esperar.

Dos años y medio después, durante un inventario físico, los auditores descubrieron un faltante de mercancía valorado en 40 mil euros, una cifra alarmante para una empresa de este tamaño. Este hallazgo puso en riesgo la estabilidad financiera de la organización. Cuando el gerente y la vendedora se enteraron de los resultados de la auditoría, ambos huyeron de la ciudad, lo que intensificó las sospechas en su contra.

*Modus operandi*

Las investigaciones del departamento de control interno revelaron que, aunque los registros de ventas parecían correctos, existía un patrón de anulaciones de ventas realizadas por el gerente en las transacciones procesadas por su novia. A continuación, se detalla el esquema que utilizaron para perpetrar el fraude.

La pareja contó con la colaboración de un tercer cómplice: un primo de la vendedora. Este individuo acudía regularmente a la tienda, seleccionaba productos, y se dirigía a la caja donde su prima trabajaba. Ella procesaba la venta de manera correcta, ingresando el monto en el sistema y recibiendo el pago en efectivo. Para asegurar que las cámaras de seguridad capturaran la transacción, él entregaba tres o cuatro billetes, y ella fingía colocarlos en la caja registradora. Sin embargo, el supuesto cliente no pagaba, ya que la vendedora le devolvía el mismo dinero que él le había entregado inicialmente.

Una vez finalizada la transacción, la vendedora enviaba un mensaje al gerente, quien procedía a anular la venta en el sistema, eliminando cualquier rastro financiero de la operación. De esta forma, cuando la vendedora hacía su corte de caja, no había discrepancias, ya que la anulación encubría el fraude. No obstante, la diferencia se reflejaba en el inventario, que fue donde finalmente se descubrió el faltante.

Esta operación fue repetida en múltiples ocasiones durante los tres meses previos al inventario. La empresa, que tenía una política de realizar inventarios trimestrales, se encontró con la sorpresa de un faltante considerable en su stock cuando efectuaron la revisión.

Aunque inicialmente no contaban con pruebas suficientes para proceder judicialmente, el área legal de la organización presentó una demanda en contra del gerente y la vendedora por su desaparición repentina tras el descubrimiento. Eventualmente, las autoridades localizaron a los sospechosos, y en el transcurso del proceso legal, ambas partes llegaron a un acuerdo: los implicados devolverían 8 mil euros en efectivo y revelarían los detalles del *modus operandi* a cambio de que la empresa retirara los cargos y así conservar su libertad.

*Qué aprendió la empresa*

El departamento de control interno, tras analizar a fondo el *modus operandi* del fraude, implementó varias mejoras en el proceso de ventas para evitar futuras vulnerabilidades. A pesar de que existía una segregación adecuada de funciones —la vendedora no tenía la capacidad de anular las ventas—, la colusión entre dos personas con una relación personal cercana fue suficiente para vulnerar el sistema de control. Este caso refuerza uno de los preceptos clave del control interno: *«la colusión entre dos personas es suficiente para romper cualquier medida de control»*. También aplica este otro precepto que es el pilar de todos ellos: *«el control interno es falible»*.

Como resultado, la empresa estableció nuevos procedimientos: las anulaciones de ventas ahora deben realizarse en la misma caja registradora y en presencia del cliente, eliminando la posibilidad de anular transacciones sin la debida transparencia. Si una anulación requiere retroceder en el tiempo, el proceso ya no puede ser ejecutado por la misma cajera, sino por el gerente en presencia de otro empleado, quien certifica que la mercancía ha sido devuelta de forma íntegra a la tienda.

Además, se ajustaron las políticas de contratación. Ahora está prohibido contratar a familiares de los empleados, y si surge una relación sentimental entre dos empleados, la empresa tomará la decisión de separar a uno de ellos. Aunque esta medida puede parecer estricta, es una realidad que el control interno debe anteponer la objetividad y la protección de los procesos organizacionales, sin hacer excepciones por vínculos personales.

## Los riesgos y controles no se inventan, ya existen.

*Los riesgos son parte de la naturaleza, invisibles pero reales; los controles son la respuesta inevitable, no inventados, sino forjados para proteger y preservar la esencia misma de la empresa.*

**Los riesgos y controles no se inventan, ya existen.**
Los riesgos inherentes a cualquier operación o proceso surgen de la propia naturaleza del entorno en el que se opera y no de las personas o las organizaciones. Todo sistema, ya sea financiero, tecnológico o productivo, conlleva peligros latentes que pueden materializarse en pérdidas, errores o ineficiencias. Es responsabilidad de las empresas identificarlos y mitigarlos mediante la implementación de controles adecuados. Así, los controles no son una invención, sino la respuesta lógica a situaciones que podrían surgir de manera natural.

Este enfoque es fundamental para comprender que el trabajo del departamento de control interno no consiste en inventar riesgos o controles arbitrarios, sino en una labor creativa de identificación, investigación y adaptación de los controles adecuados para mitigarlos. Los controles eficientes deben basarse en un análisis riguroso de los peligros existentes, diseñados específicamente para contener o mitigar sus efectos negativos. Ignorar las amenazas o implementar controles que no les correspondan puede generar una falsa sensación de seguridad y, con ello, debilitar la fortaleza que el control interno ha logrado consolidar.

Este precepto también resalta la importancia de utilizar un enfoque sistemático y basado en evidencias para el diseño de controles. El objetivo es implementar medidas concretas que mitiguen riesgos específicos, en lugar de generar procedimientos arbitrarios. Los controles efectivos deben ser ajustados de acuerdo con los peligros preexistentes y, a su vez, adaptarse a los cambios que puedan ocurrir en el entorno operativo o normativo.

*Hagamos una analogía entre los virus y los riesgos*

Al igual que los virus en el mundo biológico, los riesgos están presentes en el entorno de cualquier organización, invisibles, pero siempre al acecho. Aunque no son visibles a simple vista, su impacto puede ser devastador si no se toman las precauciones adecuadas. De la misma forma que un organismo puede ser vulnerable a ciertos virus, una empresa puede ser susceptible a amenazas específicas según su estructura, procesos y sector. Aunque las empresas pueden implementar medidas para mitigar y contener ciertos peligros, siempre existe la posibilidad de que estos se materialice, por más preparados que estén los controles internos. La preparación reduce el impacto, pero nunca garantiza una inmunidad absoluta.

En el mundo de los virus, un sistema inmunológico fuerte permite al cuerpo resistir infecciones o superarlas rápidamente. En el ámbito empresarial, los controles internos operan como el sistema inmunológico de la organización, ya que detectan, previenen y mitigan amenazas. Pero, al igual que los virus mutan y evolucionan, los riesgos también cambian con el tiempo y se adaptan a nuevas tecnologías, mercados o regulaciones. Por lo tanto, las empresas deben actualizar constantemente sus controles para no quedar expuestas.

Esta analogía también nos ayuda a entender que ningún organismo es completamente inmune a todos los virus, y ninguna empresa es invulnerable a todos los riesgos. El objetivo no es eliminarlos completamente, al igual que no podemos eliminar los virus del mundo, sino gestionarlos de manera efectiva para reducir su impacto y garantizar que la empresa continúe en operación de forma saludable.

*Ciclo natural de evolución*

Imaginemos que el riesgo es como el núcleo de un átomo, el centro alrededor del cual giran los controles, que son como electrones orbitando. Al igual que en el átomo, donde el núcleo y los electrones coexisten en un equilibrio natural, el riesgo y los controles están intrínsecamente conectados. Todo control tiene su origen en un riesgo, y cada uno genera la necesidad de al menos un control. Los controles no son una creación arbitraria; nacen junto con el riesgo, como una respuesta natural para proteger a la organización.

Cuando un control surge, lo hace en su forma más básica: manual. Esto se debe a que, en su esencia, el control es la intervención humana para mitigar el peligro. Con el tiempo, y gracias a los avances tecnológicos, estos controles manuales pueden automatizarse, lo cual sí representa un invento en sí mismo. Sin embargo, la automatización no es más que un refinamiento del control original. El control manual, diseñado específicamente para mitigar la amenaza, no se inventa, sino que surge de manera natural dentro del entorno operativo. La automatización es una evolución, pero su núcleo siempre estará ligado a la esencia del control manual.

*Veamos cómo se comporta un control a través del tiempo*

Retrocedamos en el tiempo, cuando aún no existían los bancos. En aquellos años, las empresas no enfrentaban el riesgo de «cargos bancarios no reconocidos», ya que los bancos simplemente no existían. Sin embargo, una vez que surgieron las instituciones bancarias, las empresas que comenzaron a utilizar sus servicios quedaron expuestas a esta nueva amenaza. Así nació la necesidad de implementar un control: la conciliación bancaria. Pero esas primeras conciliaciones no eran como las conocemos hoy. En los inicios, las empresas probablemente emitían dos o tres cheques al mes para pagar a sus proveedores, y al recibir el estado de cuenta bancario, el dueño del negocio simplemente verificaba manualmente esos pocos cargos. El control era simple, directo, y a menudo mental, pues tanto el riesgo, como aquel, estaba en su fase más básica.

Conforme los servicios bancarios se fueron extendiendo, y las empresas empezaron a realizar un mayor número de transacciones, los riesgos asociados también crecieron. Esto hizo que los controles evolucionaran. El proceso de conciliación bancaria pasó de ser una tarea rápida y sencilla en la mente del dueño a convertirse en una responsabilidad específica de un empleado, quien debía revisar cada transacción y dejar evidencia documental de su trabajo. Más adelante, con los avances tecnológicos, la conciliación bancaria se automatizó y permitió procesar grandes volúmenes de transacciones con mayor eficiencia.

Sin embargo, más allá de las herramientas tecnológicas, la esencia del control sigue siendo la misma. Ya sea manual o automatizado, el objetivo de la conciliación bancaria siempre será identificar y corregir cualquier discrepancia entre los registros de la empresa y los del banco. Así, este ejemplo ilustra cómo los controles nacen de forma manual junto con el riesgo y, aunque pueden evolucionar y automatizarse, su esencia permanece inalterada.

*Probabilidad e impacto de los riesgos; ¿quiénes atacan?*
Las amenazas que enfrenta una empresa provienen de diversas fuentes, cada una con diferentes probabilidades e impactos sobre la organización. Entre las fuentes más comunes se encuentran los empleados, los proveedores, los clientes y los hackers. Este orden refleja tanto la proximidad como la probabilidad de que ocurra un incidente: los empleados, al estar dentro de la organización, presentan la mayor probabilidad de cometer actos ilícitos, seguidos por los proveedores y los clientes. Los hackers, aunque representan una amenaza real, suelen tener una menor probabilidad de ataque directo, pero su impacto puede ser devastador. Existen también riesgos externos como la delincuencia organizada y la corrupción, pero estos se encuentran fuera del alcance del control interno, ya que no hay medidas internas que puedan prevenir o mitigar su ocurrencia.

*Empleados:* la amenaza interna más frecuente.
Los empleados constituyen la primera posibilidad de riesgo para la empresa. Al tener acceso directo a los procesos internos y a la información crítica, es más probable que obtengan un beneficio ilícito mediante operaciones fraudulentas. Aunque el control interno puede implementar mecanismos como la segregación de

funciones y la autorización por niveles, siempre existe la posibilidad de que estos controles se vean comprometidos, ya sea por negligencia o por colusión.

Por ejemplo, en algunos casos, la falta de controles rigurosos puede llevar a situaciones en las que empleados compartan contraseñas o reciban autorizaciones que no son verificadas correctamente. Este tipo de fallos facilita que un empleado pueda actuar en solitario, evadir el control interno y ocasionar daños a la empresa.

Sin embargo, el riesgo se multiplica cuando los empleados se coluden entre ellos. La colusión entre empleados para perpetrar fraudes genera un escenario mucho más peligroso, donde las «mafias» internas pueden formar redes complejas que erosionan la integridad del control interno. La solución a estos casos debe ser contundente: una vez identificado el fraude, es crucial extirpar de raíz estas células corruptas de la organización, ya que cualquier empleado involucrado, sea directamente culpable o no, contribuye al ambiente permisivo que facilitó la ocurrencia del fraude.

*Proveedores:* alianzas ilícitas y colusión.
Los proveedores ocupan el segundo lugar en términos de probabilidad de amenaza. Aunque es muy difícil que un proveedor pueda actuar solo, necesita la ayuda de un empleado. La relación entre los proveedores y los empleados encargados de las compras puede degenerar en una colusión que resulta perjudicial para la empresa. Un caso común es cuando el proveedor ofrece comisiones ilícitas o incentivos personales al empleado para que este favorezca su oferta en detrimento de otros proveedores más competitivos. Aunque este tipo de colusión puede parecer inofensiva, sus efectos son tangibles en la empresa: desde precios inflados hasta materiales de baja calidad que pueden afectar la eficiencia y los costos operativos.

La colusión con proveedores es particularmente peligrosa, ya que puede pasar inadvertida si no se implementan controles rigurosos en la selección y evaluación de proveedores. Los sistemas de auditoría interna deben estar diseñados no solo para identificar patrones sospechosos en las transacciones comerciales, sino también para monitorear las conductas inusuales de los empleados que podrían revelar actividades ilícitas. Es esencial que estos sistemas sean capaces de detectar tanto irregularidades en las operaciones como comportamientos atípicos entre los empleados, lo que podría ser indicio de colusión o fraude.

*Clientes:* el riesgo en las transacciones comerciales.
Aunque menos común, existe la posibilidad de que un empleado se coluda con un cliente, especialmente en áreas como ventas o finanzas. Esta colusión puede manifestarse de diversas formas: otorgar descuentos indebidos, extender plazos de crédito injustificados o incluso reducir artificialmente los saldos de las cuentas por cobrar. Estos fraudes, aunque menos frecuentes que los perpetrados con proveedores, pueden tener consecuencias graves y, disminuir los márgenes de ganancia y afectar la liquidez de la empresa.

La colusión con clientes es una muestra clara de la importancia de tener controles internos robustos, que limiten la discrecionalidad de los empleados y garanticen que las decisiones comerciales sean evaluadas y autorizadas de manera transparente y justa.

*Hackers:* la amenaza externa menos probable pero más devastadora.
Los hackers representan la última probabilidad de riesgo en términos de probabilidad, pero su impacto puede ser devastador. Estos atacantes externos, ajenos a la empresa y muchas veces

ubicados a miles de kilómetros de distancia, pueden inhabilitar los sistemas de la organización y extraer su información crítica en un solo ataque. Aunque la probabilidad de que un hacker ataque directamente a una empresa específica es menor en comparación con los ataques internos de empleados, proveedores o clientes, los efectos de un ataque exitoso pueden paralizar completamente las operaciones de la empresa y generar pérdidas millonarias.

Afortunadamente, los avances en ciberseguridad han permitido desarrollar controles preventivos que, aunque no eliminan la amenaza, reducen significativamente las probabilidades de un ataque exitoso. Sin embargo, es fundamental que las empresas inviertan constantemente en la actualización y mejora de estos controles, dado que los hackers, al igual que los riesgos internos, evolucionan constantemente.

Cada una de estas fuentes de peligro —empleados, proveedores, clientes y hackers— representa una amenaza que puede afectar a la empresa de maneras diversas y con frecuencias variables. El control interno debe estar diseñado para mitigar tanto las amenazas internas como las externas, y asegurar que cada ataque potencial se enfrente con medidas adecuadas a su probabilidad e impacto. Sin embargo, los controles no deben limitarse a ser procedimientos burocráticos; deben ser dinámicos y evolucionar conforme cambian las realidades del entorno operativo y permitir que la empresa esté preparada para afrontar peligros desde cualquier dirección. Esta visión refuerza la idea de que tanto los riesgos como los controles no se inventan, ya existen, y es responsabilidad de la organización identificarlos y gestionarlos eficazmente.

## Los cambios a los procesos abren las posibilidades a nuevos riesgos.

*Todo cambio en los procesos, sin importar su magnitud, genera nuevos riesgos; por ello, es esencial un análisis exhaustivo y la adaptación de controles para mantener la integridad operativa.*

**Los cambios a los procesos abren las posibilidades a nuevos riesgos.**

Antes de profundizar en este precepto, es importante aclarar que no se contradice con el otro precepto: «los riesgos y controles no se inventan, ya existen». Los riesgos están siempre presentes en el entorno de la empresa, latentes y listos para manifestarse ante cualquier oportunidad. Realizar cambios en un proceso no crea riesgos nuevos en sí mismos, pero puede exponer vulnerabilidades o debilitar controles previamente establecidos. Estas modificaciones pueden dejar ciertos riesgos desprotegidos, los cuales antes estaban mitigados, lo que hace necesario implementar nuevas medidas de control para gestionarlos adecuadamente. En consecuencia, queremos enfatizar que cambiar un proceso no es tarea sencilla. Por mínimo que sea el cambio, se requiere de un análisis exhaustivo y de la participación de los verdaderos *«ingenieros en la construcción de procesos»* para garantizar que las modificaciones se hagan con una visión integral, sin enfocarse solo en el cambio en sí.

Los cambios en los procesos operativos, por más pequeños que sean, siempre conllevan la posibilidad de introducir nuevos riesgos. Un ejemplo claro de esto es la rotación de personal, que puede generar riesgos relacionados con la segregación de funciones, especialmente si la nueva persona tiene vínculos familiares o de amistad con otros empleados involucrados en el proceso. Además, la falta de experiencia o habilidades del nuevo integrante pueden afectar la eficiencia operativa e incrementar la probabilidad de errores.

Cuando se trata de cambios más significativos, como la implementación de nuevas tecnologías o la reestructuración de procesos, los riesgos se amplifican. La automatización y el rediseño de procesos pueden causar incompatibilidades con los controles existentes, pérdida de conocimiento crítico o la aparición de puntos ciegos en los controles. Esto puede debilitar la capacidad de la empresa para reaccionar adecuadamente ante problemas inesperados.

Ante cualquier cambio, es fundamental llevar a cabo un análisis de riesgos previo y establecer mecanismos de supervisión y revisión continua. La capacitación adecuada del personal, la documentación detallada de los cambios y la adaptación de los controles son esenciales para gestionar estos nuevos riesgos y asegurar que los procesos mantengan su integridad y eficiencia.

En particular, cuando se planifica una modificación o reingeniería de un proceso, es recomendable partir de una base limpia y eliminar del diagrama del proceso todas las marcas de riesgos y controles previamente identificados. Esta estrategia tiene como objetivo evitar que el *«ingeniero en la construcción de procesos»* se limite a los riesgos ya conocidos, lo cual podría impedirle identificar nuevos riesgos inherentes al proceso en cuestión. Al comenzar desde cero, se fomenta una investigación exhaustiva que permita identificar los riesgos actuales y los controles adecuados para mitigarlos. Posteriormente, el nuevo análisis puede compararse con la documentación existente para conciliar ambos enfoques y lograr un control más robusto y actualizado.

**Un ejemplo de fracaso: el secado de madera.**

Una empresa de fabricación de muebles de madera, con 560 empleados, una fábrica y dos almacenes, y un ingreso anual de 6.7 millones de euros, decide realizar un cambio significativo en su proceso de secado de madera. Tradicionalmente, la empresa ha secado la madera al aire libre, lo cual lleva de dos a tres semanas, garantizando un secado óptimo para evitar deformaciones o fisuras en los muebles. No obstante, la gerencia percibe que este método es ineficiente y que los largos tiempos de secado afectan la capacidad de producción. Con el objetivo de reducir los tiempos de fabricación, la empresa opta por implementar un nuevo sistema de secado en cámaras de horneado, diseñado para deshidratar la madera en tan solo tres días.

La transición al sistema de secado en horno se implementó con rapidez, con la intención de aumentar la producción de inmediato. Sin embargo, a poco tiempo de haber adoptado el nuevo sistema, surgieron varios problemas que no habían sido previstos:

- *Defectos en la madera y deterioro en la calidad de los muebles.* Aunque el secado en horno reducía significativamente el tiempo del proceso, la madera obtenida resultó inadecuada para el tipo de fabricación que empleaba la empresa. La velocidad del secado generaba fisuras y quiebres en la madera, lo cual comprometía la integridad estructural del material. Aunque inicialmente estos defectos eran imperceptibles, muchos muebles fabricados comenzaron a mostrar deterioro después de su entrega a los clientes.
- *Devoluciones y aumento en los costos.* Los defectos estructurales en los muebles causaron un número creciente de devoluciones y quejas de los clientes. Además de impactar la imagen de la empresa, esta situación incrementó los costos operativos por el retrabajo y las pérdidas financieras derivadas de las devoluciones.

- *Accidentes laborales y sanciones*. La madera seca en horno, no siendo apta para el proceso de fabricación, aumentó la frecuencia de accidentes laborales entre los empleados que trabajaban directamente en la fabricación. Estos incidentes trajeron consigo sanciones y multas que impactaron negativamente a la empresa, tanto en términos financieros como reputacionales.
- *Pérdida de clientes clave y daño reputacional*. Varios clientes importantes, insatisfechos con la calidad de los productos, cancelaron sus órdenes y pospusieron futuras compras. Esto no solo afectó los ingresos de la empresa, sino que también dañó su reputación en el mercado, un perjuicio difícil de revertir a corto plazo.

*Causa raíz del fracaso*

La raíz de todos estos problemas puede rastrearse hasta una asignación inadecuada de personal en la fase de configuración del nuevo equipo de secado. La alta dirección decidió enviar a un empleado con tres años de experiencia en la compañía para capacitarse en la configuración y calibrado del horno, desconociendo que este empleado no tenía interés en continuar en la empresa y planeaba su renuncia. Como resultado, el empleado prestó poca atención a la capacitación, lo que derivó en una calibración incorrecta del equipo. El horno fue ajustado para secar maderas que no eran aptas para la fabricación de muebles, lo cual resultó en las múltiples complicaciones de calidad y seguridad ya descritas.

*Conclusiones y lecciones aprendidas*

Este caso demuestra que un cambio de proceso, aun cuando parece representar una mejora en eficiencia y rapidez, siempre abre las puertas a nuevos riesgos. Para evitar fracasos similares, es imprescindible tomar en cuenta las siguientes recomendaciones:

- Realizar una evaluación de riesgos exhaustiva antes de implementar cualquier cambio de proceso. Es importante identificar las posibles vulnerabilidades y considerar cómo el cambio afectará los controles actuales.
- Asignar personal capacitado y comprometido para liderar fases críticas de implementación. Las personas involucradas en la transición deben ser responsables y tener un interés genuino en el éxito de la empresa.
- Adoptar una visión integral y holística de los riesgos y controles antes de realizar modificaciones significativas. Los procesos operativos tienen múltiples dimensiones y cualquier cambio debe considerar el impacto en el sistema de control interno de manera global.
- Capacitar adecuadamente al personal y realizar una supervisión continua tras la implementación para asegurar que el cambio mantenga su efectividad y no se convierta en un nuevo foco de problemas.

El éxito en la implementación de cambios en los procesos no radica solamente en la tecnología o la rapidez, sino en una gestión de riesgos rigurosa y en una adecuada alineación entre los recursos humanos y los objetivos de la empresa.

## El control interno no elimina el riesgo, lo mitiga.

*El control interno no elimina el riesgo, sino que lo reduce y gestiona, de modo que la empresa pueda operar con seguridad y adaptarse a un entorno cambiante para proteger sus objetivos.*

**El control interno no elimina el riesgo, lo mitiga.**
El control interno es un sistema compuesto por procesos, procedimientos y mecanismos diseñados para proteger a la organización frente a los diversos riesgos inherentes a sus operaciones. Sin embargo, es crucial entender que, por más robusto y eficiente que sea el sistema de control interno, este no tiene la capacidad de eliminar el riesgo completamente. Los riesgos son inherentes a cualquier actividad empresarial, y su eliminación total es prácticamente imposible debido a la naturaleza cambiante del entorno en el que operan las organizaciones. Por lo tanto, el objetivo del control interno no es erradicar el riesgo, sino minimizar su impacto y probabilidad de ocurrencia, lo que permite a la empresa operar con mayor seguridad.

El análisis y la evaluación de riesgos son componentes esenciales del control interno y deben realizarse de manera exhaustiva y detallada para abordar la mayor cantidad de riesgos posible. Es fundamental que quienes participen en estas actividades sean profesionales capacitados y experimentados en la gestión de procesos, verdaderos *«ingenieros en la construcción de procesos»*. Dejar esta labor en manos de personas inexpertas incrementa el riesgo de que el análisis y la evaluación no detecten factores críticos y que comprometan la efectividad del control interno, o de que se implementen controles excesivos que dificulten la fluidez del proceso.

El control interno funciona como una red de protección, donde los riesgos se identifican y gestionan mediante políticas, procedimientos y prácticas que buscan reducirlos a un nivel aceptable. Por lo tanto, los controles se implementan para mitigar las posibles consecuencias negativas que los riesgos podrían tener si no se gestionaran adecuadamente. Los controles actúan como barreras que limitan el daño potencial, ya sea al reducir la frecuencia del riesgo, controlar su impacto o proporcionar mecanismos de detección temprana que permitan reaccionar a tiempo. La efectividad de estos controles no garantiza una protección absoluta, pero disminuye significativamente las posibilidades de que un riesgo se materialice en una pérdida grave para la organización.

Es importante señalar que la mitigación del riesgo también depende de la adaptabilidad del control interno frente a los cambios en el entorno, como nuevas tecnologías, cambios en las regulaciones o el surgimiento de nuevos modelos de negocio. La empresa debe estar dispuesta a revisar y ajustar continuamente sus controles internos para que sigan siendo efectivos frente a riesgos emergentes o cambiantes. Si bien el control interno no elimina el riesgo, su verdadero valor radica en crear un entorno controlado donde los riesgos se gestionan de manera proactiva, lo que facilita la estabilidad y continuidad del negocio, protege los activos y garantiza el cumplimiento de objetivos estratégicos.

*Tipos de controles y su función en la mitigación*

Como lo establece el precepto *«Los riesgos y controles no se inventan, ya existen»*, los controles más estrechamente ligados al riesgo se conocen como *controles principales*. Estos controles son esenciales en la mitigación de los riesgos y se clasifican en dos tipos: *controles preventivos* y *controles de detección*. Los *controles preventivos* mitigan el riesgo al reducir su probabilidad de ocurrencia, mientras que los *controles de detección* lo mitigan al disminuir su impacto o al facilitar la corrección del daño que haya podido ocasionar.

Adicionalmente, existe un tercer tipo de control, denominado *control compensatorio*. A diferencia de los *controles principales (preventivos* o *de detección)*, el *control compensatorio* no está diseñado específicamente para mitigar un riesgo, sino que surge como una respuesta a fallas en el proceso o a la ausencia de un *control principal* que debería abordar ese riesgo. Aunque el *control compensatorio* actúa generalmente como un *control de detección*, no tiene la misma efectividad que el *control principal* para mitigar el riesgo en su origen.

Los *controles compensatorios* pueden ser útiles de forma temporal, mientras se identifican y corrigen las deficiencias del proceso y se implementa el *control principal*. Sin embargo, mantener un control compensatorio de manera permanente representa una amenaza para el sistema de control, ya que puede crear una falsa sensación de seguridad y dejar abiertas las puertas a errores y fraudes que, de otro modo, habrían sido prevenidos por el control adecuado.

**Un ejemplo de fracaso: falla en el análisis y evaluación de riesgos.** Una empresa que se dedica a la fabricación de componentes electrónicos para la industria automotriz, que cuenta con 120 empleados y que genera ingresos anuales de 2 millones de euros, al iniciar un proyecto para mejorar el control interno, decidió implementar un proceso de análisis y evaluación de riesgos para detectar áreas de vulnerabilidad en la producción. Sin embargo, subestimó la importancia de esta tarea y asignó la responsabilidad a un grupo de empleados, algunos gerentes y otros supervisores, quienes carecían de experiencia en análisis de riesgos y diseño de procesos.

En este contexto, los empleados realizaron una evaluación superficial y propusieron controles que no mitigaban los riesgos críticos en el proceso de control de calidad de las piezas.

*Ejemplo del control deficiente:*
Uno de los controles que diseñaron fue la revisión visual al final de la línea de producción para verificar que cada pieza cumpliera con los estándares de calidad. El objetivo era detectar defectos antes de que los productos fueran empacados y enviados a los clientes. Sin embargo, este control era ineficaz para mitigar el riesgo de que piezas defectuosas llegaran al cliente. Los problemas principales fueron los siguientes:

- *Carencia de formación y estandarización:* los empleados encargados de la revisión visual no recibieron capacitación específica ni contaban con criterios estandarizados para detectar defectos. Esto resultó en revisiones inconsistentes, donde algunos defectos pasaban desapercibidos, mientras que otros eran identificados erróneamente como problemas.
- *Limitación en la tecnología de apoyo:* a pesar de que el proceso incluía una revisión manual, no se implementó ningún sistema automatizado de detección, como cámaras de alta resolución o escáneres que pudieran identificar defectos con precisión. Esto hizo que la revisión fuera lenta y propensa a errores humanos, sobre todo en una línea de producción que generaba miles de piezas diarias.
- *Insuficiencia de doble verificación:* el control se realizaba solo al final del proceso, sin que existieran puntos de verificación en etapas anteriores de la producción. Así, cualquier defecto que ocurriera al inicio del proceso se detectaba en la etapa final, lo que no solo afectaba la eficiencia, pues también incrementaba las mermas y los costos de reprocesamiento.

- *Ausencia de evaluación del riesgo de fatiga visual:* al tratarse de una revisión manual continua, se omitió el impacto de la fatiga visual en los empleados, lo cual limitaba su capacidad para detectar defectos con precisión. La empresa subestimó la implementación de pausas adecuadas y la rotación de personal, lo que llevó a que el nivel de detección disminuyera a lo largo del día.

*Consecuencias:*
Como resultado de este mal diseño en el control, varios lotes de componentes con defectos críticos fueron enviados a los clientes, quienes pronto identificaron los problemas y exigieron devoluciones y compensaciones. Esto generó pérdidas financieras para la empresa y afectó su reputación en el sector automotriz. A raíz de esta situación, la empresa tuvo que enfrentar costos adicionales para rediseñar su control de calidad y contratar especialistas externos para llevar a cabo una evaluación de riesgos más rigurosa.

## Los controles débiles crean un falso sentido de seguridad.

*Los controles débiles generan una falsa seguridad al no abordar adecuadamente los riesgos, lo que puede llevar a consecuencias graves para la organización.*

**Los controles débiles crean un falso sentido de seguridad.**
Un control débil es aquel que falla en cumplir su propósito. Aunque formalmente esté presente, no previene ni detecta adecuadamente los riesgos. A menudo, los controles débiles crean una falsa sensación de seguridad, porque al estar en funcionamiento, se asume que los riesgos están bajo control, cuando en realidad no lo están.

Los controles pueden ser considerados débiles por diversas razones. En primer lugar, su diseño puede no ajustarse adecuadamente al riesgo que pretenden mitigar. También puede haber deficiencias en su implementación, falta de seguimiento adecuado, o un desconocimiento por parte de quienes los ejecutan, lo que dificulta su correcta aplicación. Además, puede surgir otro problema: la creación de falsos riesgos que conducen a la implementación de controles que no abordan las amenazas reales.

*Ejemplos de controles débiles*

*Control de firma sin verificación:* un ejemplo clásico de control débil es un sistema donde se requiere la firma de un supervisor para autorizar transacciones importantes, pero el supervisor solo firma sin revisar la información. Esto da la apariencia de un control, pero no garantiza que la transacción fue verificada.

Este es un ejemplo de un control que en la práctica es nulo. El acto de firmar sin verificar genera un falso sentido de seguridad en el proceso, cuando en realidad no hay una revisión efectiva.

*Política de acceso a sistemas con contraseñas simples:* una empresa puede establecer una política que exija contraseñas para acceder a sistemas críticos. Sin embargo, si estas contraseñas son simples, fáciles de adivinar o no se actualizan regularmente, el control resulta ser débil y no brinda la protección adecuada. Además, si los empleados adoptan la práctica informal de prestarse sus cuentas y contraseñas, el control interno se ve completamente dañado, lo que aumenta significativamente el riesgo de acceso no autorizado a la información sensible.

Aunque existe una política de contraseñas, si estas no son robustas, el control de acceso es solo simbólico. Esto crea la ilusión de que la información está segura, cuando en realidad es vulnerable.

*Revisiones de inventarios que se limitan solo en reportar las diferencias:* cuando las revisiones de inventarios físicos se limitan únicamente a informar las diferencias encontradas, esto indica un control interno rudimentario. El verdadero objetivo de estas revisiones debe ser identificar las causas subyacentes que han llevado a la empresa a presentar dichas discrepancias en el inventario. Además, es fundamental que estas causas se comuniquen a la alta dirección para implementar las mejoras necesarias y prevenir futuras inconsistencias.

La frecuencia con la que se realicen las revisiones de inventario o la rotación constante de los auditores no garantizan un control efectivo si el único propósito es reportar diferencias. Este enfoque limitado genera un falso sentido de seguridad que, tarde o temprano, tendrá un costo para la empresa.

## Por el monitoreo y la efectividad

## El solo hecho de monitorear no fortalece el control interno.

*El monitoreo es vital, pero sin acción se desvanece; solo al transformar observaciones en mejoras continuas, el control interno se fortalece y evoluciona frente a los desafíos cambiantes.*

**El solo hecho de monitorear no fortalece el control interno.**
El monitoreo es una herramienta crucial dentro del sistema de control, pero por sí solo no garantiza su fortalecimiento. Observar y registrar operaciones es insuficiente si estos actos no desembocan en acciones concretas. El verdadero impacto de la supervisión

radica en su capacidad para transformar los datos en análisis profundos y recomendaciones, que aborden de manera proactiva las debilidades detectadas.

El monitoreo debe concebirse como parte de un ciclo dinámico, donde las observaciones obtenidas se traduzcan en mejoras continuas dentro de los procesos y controles. Esto exige que las áreas responsables, además de identificar las fallas, deben implementar ajustes tangibles. Así, la inspección se convierte en un proceso estratégico que busca evidenciar problemas e impulsar soluciones efectivas.

El monitoreo efectivo inicia con la recolección de datos, continúa con un análisis crítico y termina con la aplicación de medidas correctivas y preventivas. Para que el mecanismo de supervisión se fortalezca, es imprescindible que las observaciones se traduzcan en ajustes reales en los procesos y procedimientos. Solo cuando se cierra este ciclo de retroalimentación, la auditoría cumple su propósito.

Además, los sistemas de monitoreo deben ser flexibles y adaptarse a los cambios del entorno. Los riesgos evolucionan y los controles deben ajustarse para seguir siendo relevantes y efectivos. Si esa vigilancia se aleja del ajuste de estos cambios, se corre el riesgo de perder eficacia. Por lo tanto, el monitoreo debe estar diseñado para mantenerse al día con los nuevos desafíos, de modo que asegure que los controles internos se mantengan adecuados frente a los riesgos emergentes.

*¡Qué contrariedad con este otro precepto!*

A primera vista, este precepto «*El solo hecho de monitorear no fortalece el control interno*» podría parecer contradictorio frente al otro que dice: «*el control interno se desmorona si deja de supervisarse*», sin embargo, ambos se complementan y, cada uno resalta aspectos diferentes y esenciales del sistema de control.

El precepto *«El solo hecho de monitorear no fortalece el control interno»* subraya que el monitoreo, por sí mismo, no genera mejoras. Necesita ir acompañado de acciones que traduzcan las observaciones en buenas prácticas. De esta forma, la supervisión puede traducirse como los resultados de la investigación que llevan a cambios para reforzar los controles.

Por otro lado, el precepto *«El control interno se desmorona si deja de supervisarse»* resalta la necesidad de una supervisión constante para mantener la eficacia de los controles internos. Sin supervisión, los sistemas de control tienden a volverse obsoletos y, eventualmente, fallan y dejan a la organización vulnerable.

El monitoreo efectivo va más allá de la mera observación. Su valor real radica en la capacidad de generar mejoras continuas y en su adaptación a los cambios internos y externos. El control organizacional solo se fortalece cuando la inspección es parte de un ciclo de retroalimentación que impulsa ajustes proactivos. Así, este precepto destaca la importancia de una supervisión significativa que tanto detecta problemas, como fomenta un entorno de mejora continua.

*Tipos de monitoreo*

La evaluación es un componente fundamental del sistema de control, y su eficacia depende de cómo se implemente. Existen dos enfoques principales para el monitoreo: manual y automático. Cada uno de ellos tiene características distintivas y aplicaciones específicas y, en conjunto, complementan el objetivo general de fortalecer el control interno.

**Monitoreo manual**

Implica la supervisión directa de procesos y actividades por parte de personas, y su valor reside en la interpretación de datos y en la percepción de los empleados de que sus actividades son observadas de cerca. Este tipo de monitoreo busca detectar errores o irregularidades, además de servir como un recordatorio constante de la importancia de actuar con ética y profesionalismo, ya que la presencia de revisores fomenta un entorno en el que los empleados tienden a desempeñarse conforme a los estándares de la organización.

Cuando los empleados comprueban que sus actividades están siendo supervisadas, se sienten incentivados a cumplir con las políticas y procedimientos establecidos y, con ello, evitan conductas inapropiadas a la vez que refuerzan la cultura de integridad. Este enfoque aporta un componente humano incapaz de replicarse con los sistemas automáticos y contribuye al fortalecimiento del control interno al promover un entorno de trabajo ético y con responsabilidad.

*Aplicaciones del Monitoreo Manual:*

- *Pruebas de recorrido:* se utilizan para evaluar el flujo de procesos y detectar áreas de mejora. Los auditores o responsables de la supervisión pueden realizar recorridos físicos para observar cómo se ejecutan las actividades y si se siguen los procedimientos establecidos.
- *Revisiones de auditoría:* en procesos específicos, las auditorías manuales permiten a los revisores profundizar en los detalles, identificar las desviaciones y entender las causas subyacentes de posibles problemas.
- *Investigaciones de fraude:* este tipo de inspección es esencial para abordar casos de sospecha de fraude. Los auditores pueden llevar a cabo investigaciones manuales que requieren una interpretación cuidadosa de las transacciones y comportamientos, pues pueden buscar patrones que no

se evidencian fácilmente a través de sistemas automatizados.

El monitoreo manual aporta un valor significativo al proporcionar un análisis cualitativo y contextual que es fundamental para la mejora continua de los procesos y controles.

**Monitoreo automático**
Utiliza sistemas y tecnología para supervisar procesos y actividades de manera eficiente y en tiempo real. Este enfoque se basa en el registro de datos y la utilización de herramientas que permiten un análisis ágil.

*Aplicaciones del Monitoreo Automático:*

- *Indicadores y dashboards:* las herramientas automáticas proporcionan indicadores clave de rendimiento (KPI) que permiten a las organizaciones medir el desempeño de sus procesos. Los *dashboards* presentan visualizaciones claras y accesibles de la información, y facilitan la toma de decisiones basada en datos.
- *Alertas proactivas:* un sistema de vigilancia automática puede detectar anomalías o desviaciones de los estándares establecidos y enviar alertas que activan procesos de revisión manual. Esto asegura que los problemas sean abordados de manera oportuna y efectiva.

El monitoreo automático es invaluable para manejar grandes volúmenes de información, para reducir el riesgo de errores humanos y para permitir una supervisión constante sin la necesidad de intervención directa en cada proceso.

*Complementariedad entre ambos tipos de monitoreo*
Ambos tipos se complementan y son esenciales para un sistema de control robusto. El automático proporciona la base de datos y señales iniciales, mientras que el manual permite una exploración más profunda y contextual de los hallazgos.

*Ciclo de retroalimentación:* la verdadera eficacia del monitoreo radica en su integración en un ciclo de retroalimentación. Las observaciones generadas por la vigilancia automática pueden servir como base para auditorías y revisiones manuales, y con ello facilitar que se tomen decisiones informadas. Solo al cerrar este ciclo, se pueden implementar acciones correctivas que fortalezcan los controles internos.

*Riesgos en los monitoreos automáticos frecuentes*
Aunque los monitoreos automáticos representan una herramienta poderosa al proporcionar datos de manera constante y en tiempo real, presentan un riesgo inherente de desensibilización. Cuando los reportes se generan con una frecuencia muy alta, existe el peligro de que el personal encargado de analizarlos los perciba como monótonos y deje de revisarlos. Esto puede llevar a que los informes se acumulen sin una revisión crítica, y que pierdan su función de alerta y debiliten el sistema de control.

En estos casos, la supervisión constante puede tener un efecto contraproducente: en lugar de servir como un recordatorio activo para revisar y tomar acción sobre los datos, se convierte en «ruido de fondo» que el equipo termina ignorando. Por ello, los controles internos deben ir más allá del simple monitoreo. Deben incluir estrategias que garanticen que los reportes periódicos sean revisados y se conviertan en decisiones de ajuste, para evitar que la complacencia se infiltre en el proceso de control.

La diversidad de estos enfoques: monitoreo manual y automático, refuerza la idea de que el marco de control es un sistema dinámico que se adapta a las necesidades de la organización. Al combinar las ventajas de ambos tipos, las empresas pueden mejorar continuamente sus procesos y protegerse contra riesgos emergentes; de esta forma, podrán asegurar una gestión efectiva del control interno.

**Un ejemplo de fracaso: la falsedad del monitoreo.**

Una empresa dedicada al embotellamiento de agua purificada, con una facturación anual de 3.5 millones de euros y una plantilla de 70 empleados, incluidos los repartidores, opera desde una única fábrica embotelladora y un centro de distribución contiguo. Debido a las estrictas regulaciones estatales y nacionales que rigen la fabricación y distribución de su producto, la empresa cuenta con un control interno formal diseñado para cumplir con los estándares requeridos.

La organización implementó un sistema de monitoreo para su proceso de cobranza y confió en que la supervisión constante de las cuentas por cobrar garantizaría la salud financiera de la organización. El monitoreo se realizaba a través de un software que registraba las fechas de vencimiento de las facturas y generaba reportes periódicos sobre los clientes morosos. Sin embargo, la dirección se sintió satisfecha con la mera existencia del sistema y no tomó acciones significativas basadas en los datos obtenidos.

Durante un período de seis meses, los informes generados por el sistema de vigilancia mostraban un aumento en el porcentaje de cuentas por cobrar vencidas. Sin embargo, la dirección de finanzas no reaccionó ante estas alertas. Al recibir diariamente los reportes automáticos, la dirección comenzó a asumir que la cobranza se mantenía dentro de los estándares establecidos y dejó de prestar atención a los detalles. Al final, la reacción fue tardía, y al cierre del sexto mes se encontraron con una inesperada sorpresa en sus resultados financieros.

Finalmente, el departamento de finanzas realizó un análisis más detallado y descubrió que varios clientes clave habían acumulado deudas significativas, lo que afectó gravemente el flujo de caja de la empresa. Las facturas de clientes grandes, como restaurantes y centros comerciales, no estaban pagadas debido a la falta de seguimiento personalizado. La organización enfrentó problemas de liquidez que amenazaron su capacidad operativa y, eventualmente, su estabilidad financiera.

*Lecciones Aprendidas*

Este caso ilustra claramente que el solo hecho de monitorear un proceso, como el de cobranza, es insuficiente para garantizar un sistema de control eficaz. La empresa contaba con un sistema de vigilancia automatizado, pero la falta de análisis crítico y de acciones proactivas basadas en los datos resultó en un grave problema financiero. La organización aprendió que la supervisión debe ser parte de un ciclo de retroalimentación que conduzca a ajustes tangibles y mejoras en los procesos, y destacó la importancia de combinar el monitoreo automático con la intervención manual y un análisis profundo de la información.

## El control interno se desmorona si deja de supervisarse.

*El control interno sobrevive con la supervisión, pero se fortalece con la proactividad; dejar de vigilarlo es abrir la puerta al deterioro y al riesgo.*

**El control interno se desmorona si deja de supervisarse.**

Recuerde que uno de los preceptos de este libro establece: *«el solo hecho de monitorear no fortalece el control interno»*. Sin embargo, otro precepto de este mismo libro señala: *«el control interno se desmorona si deja de supervisarse»*.

Hagamos una analogía con el ser humano: el simple hecho de respirar no vuelve más fuerte a una persona, pero dejar de respirar es fatal. El oxígeno, aunque es un recurso esencial para la vida, no es lo que fortalece el cuerpo. Para que una persona esté en óptimas condiciones, debe realizar ejercicio, alimentarse de manera saludable, descansar adecuadamente y evitar excesos. Estos factores son los que en realidad construyen la fortaleza y la resiliencia física.

De manera similar, en el ámbito del control interno, el monitoreo —que se asemeja al oxígeno— es vital para mantener la vida de ese sistema de control, pero por sí solo no lo fortalece. El monitoreo constante asegura que los procesos sigan en funcionamiento y que se detecten problemas antes de que se conviertan en crisis, pero no puede sustituir la necesidad de un análisis profundo de los procesos, la evaluación de riesgos, la identificación de fallas y la propuesta de mejoras.

Así como el oxígeno mantiene con vida a una persona, el monitoreo constante es fundamental para que el control interno no se desmorone. Si se deja de monitorear, se corre el riesgo de que muera. Sin la vigilancia adecuada, las estructuras de control pueden volverse obsoletas, ineficaces y eventualmente colapsar, y con ello, dejar a la organización vulnerable a errores y fraudes. El monitoreo es esencial para la supervivencia del sistema de control, pero la verdadera fortaleza proviene de un enfoque integral y proactivo en la gestión de riesgos y la mejora continua.

Cuando las personas son conscientes de que están siendo observadas, tienden a actuar de manera más ética y responsable. Esta psicología del comportamiento resalta la importancia de la supervisión. Al monitorear procesos y actividades, se asegura el cumplimiento de normas y se fomenta una cultura de integridad. La vigilancia actúa como un catalizador que minimiza errores y fraudes. El monitoreo constante es clave para robustecer la gestión de control.

El control interno es inefectivo cuando se basa en intervenciones esporádicas. Su verdadera fortaleza proviene de un esfuerzo constante, de un compromiso diario que permea toda la estructura organizacional. Un monitoreo intermitente o esporádico puede detectar problemas de vez en cuando, pero solo la constancia asegura que los riesgos sean identificados y mitigados de forma proactiva. Así como el cuerpo humano requiere una respiración ininterrumpida para mantenerse vivo, el control interno necesita una supervisión constante, que mantenga sus procesos y controles en óptimas condiciones. Revisar las operaciones de forma ocasional resulta inadecuado, ya que la efectividad de ese sistema de control depende de una vigilancia continua y sistemática.

*El monitoreo cumple con las siguientes funciones:*

- Comprobar que los procesos se ejecutan conforme lo establecido.
- Identificar fallas en la operación.
- Descubrir fraudes.
- Mostrar cambios en el entorno que obliguen a ajustar los documentos (políticas, procedimientos, métodos, etc.)

Los cambios en el entorno pueden ser externos, por ejemplo, cambios en las leyes o regulaciones, cambios de tecnología, etc.

Los cambios también pueden ser internos, por ejemplo, cambios en la estructura organizativa, expansión de los territorios comerciales, ajustes en las condiciones comerciales, etc.

Todo ello obliga a ajustar los documentos.

Cuando el control interno deja de ser monitoreado, su fortaleza se pierde de manera gradual. Comienzan a ocurrir ligeras fallas involuntarias en los procesos y, cuando los empleados sienten que ya no los observan, esas fallas aumentan y pasan de ser involuntarias a malintencionadas, y finalmente adquieren una connotación de fraude. En el peor de los casos, esto puede llevar a una colusión entre varios empleados, lo que llamamos mafia. Esta es la razón por la que afirmamos que el control interno muere (se desmorona) si deja de ser supervisado.

**Un ejemplo de fracaso: el colapso de una empresa por la falta de supervisión.**

Hubo una compañía mediana pero exitosa que elaboraba productos lácteos y que prometía un gran crecimiento. Con ventas anuales de 5 millones de euros y 150 empleados, era reconocida en su región por la calidad de sus productos y su amplia cartera de clientes. Aunque la empresa había experimentado un crecimiento sólido, la mentalidad del dueño hacia el control interno era negativa: consideraba que supervisar procesos y establecer controles era un «estorbo» que solo generaba retrasos. Pese a estas creencias, el dueño, por insistencia de un amigo que lideraba una empresa similar, creó un departamento de control interno con el objetivo de cumplir con las normas de control de calidad y protección contra fraudes.

*El inicio prometedor del departamento de control interno*

En sus inicios, el departamento de control interno mostró mucho ímpetu. El gerente de tal departamento diseñó procesos, procedimientos, y estableció auditorías periódicas para verificar el cumplimiento en las áreas de producción y ventas. Las primeras auditorías revelaron varias fallas operativas menores que, gracias a una corrección oportuna, evitaron importantes pérdidas financieras. Sin embargo, el entusiasmo y el ímpetu del departamento se enfrentaron con la indiferencia del dueño, quien no daba la relevancia necesaria a los controles propuestos. Con frecuencia, el dueño intervenía directamente en los procesos y menospreciaba las recomendaciones de control, pues siempre limitó la autoridad del departamento de control interno e ignoró sus recomendaciones.

*La renuncia del gerente de control interno*
Con el tiempo, los roces entre el gerente y el dueño aumentaron. El gerente percibía que sus esfuerzos para prevenir riesgos y fortalecer los controles eran inútiles al no contar con el respaldo de la alta dirección, y que la falta de apoyo a su trabajo debilitaba sus capacidades y el compromiso de su equipo. Tras reiteradas frustraciones, y viendo que las recomendaciones y su trabajo eran recibidos con desdén, el gerente decidió renunciar y dejó al departamento sin liderazgo ni dirección. Esta salida marcó el inicio de una etapa crítica: los controles comenzaron a debilitarse por la falta de supervisión, el departamento perdió a un líder sólido y terminó volviéndose inoperante.

*El declive del sistema de control y los primeros signos de pérdida*
Sin el gerente, el departamento fue perdiendo peso en la organización. El monitoreo a los procesos se hizo esporádico y pronto dejó de ser prioritario. En menos de seis meses, los procedimientos establecidos empezaron a debilitarse: los empleados de producción, conscientes de la falta de supervisión, comenzaron a relajar sus prácticas y a ignorar normas básicas de calidad y seguridad. En las auditorías internas, que se realizaban esporádicamente, se detectaban errores que rara vez se corregían, y algunos supervisores informaban solo «por protocolo,» sin hacer seguimiento ni aplicar correctivos efectivos.

La falta de monitoreo permitió que el ambiente interno se tornara permisivo; muchos empleados comenzaron a asumir que las infracciones menores pasarían desapercibidas, y las primeras señales de desorden fueron vistas como inconvenientes temporales.

*El surgimiento de las mafias internas*

Con el tiempo, lo que inició como relajación en los controles se convirtió en una conducta cada vez más riesgosa y nociva. Al observar que las faltas no eran castigadas ni supervisadas, algunos empleados vieron una oportunidad para sacar ventaja personal: desviaban materias primas, manipulaban cifras de inventario y alteraban reportes financieros. En las áreas de ventas, algunos empleados empezaron a otorgar descuentos excesivos a ciertos clientes, bajo la supuesta promesa de futuros pedidos. A cambio de esos descuentos, recibían comisiones ilegales. Con el paso de los meses, estas prácticas corruptas se expandieron y formaron pequeños grupos de empleados en diferentes áreas que operaban en conjunto, conocidos internamente como «mafias,» organizadas para beneficiarse a costa de la empresa.

*El colapso final*

Las mafias internas crecieron al punto de controlar decisiones clave y ocultar pérdidas significativas y mermaron las ganancias de la compañía. El fraude era sistemático y difícil de rastrear, y la ausencia de inspección dejó a la empresa vulnerable. Cuando el dueño se dio cuenta de la magnitud de la situación, las pérdidas eran insostenibles y el daño era irreversible. En un último intento de salvar la compañía, intentó implementar auditorías externas, pero el esfuerzo fue inútil: las mafias habían destrozado los cimientos de los controles internos, y los costos de los fraudes y las deficiencias operativas habían alcanzado un punto crítico.

Al cabo de un año y medio de esta caída ininterrumpida, la organización cerró sus puertas. La falta de supervisión del control interno y la indiferencia de la alta dirección, que ignoró la importancia de una vigilancia constante, resultaron en la destrucción de una empresa que, en sus primeros años, había mostrado un prometedor potencial.

Este caso demuestra que cuando el control interno depende de acciones esporádicas en lugar de un esfuerzo constante y sistemático, los riesgos se acumulan y las estructuras de control se debilitan. El negocio, además de necesitar controles bien diseñados, también requería constancia en su aplicación y monitoreo para evitar que se convirtieran en formalidades sin valor.

## El buen juicio no reemplaza el control interno, lo complementa.

*El control interno se basa en métodos consistentes y documentados, donde solo en casos excepcionales el buen juicio permite adaptarse al contexto sin desviarse de los objetivos de la organización.*

**El buen juicio no reemplaza el control interno, lo complementa.**
El buen juicio es la capacidad de tomar decisiones acertadas y razonables en función de la experiencia, la ética, el conocimiento y la comprensión de una situación particular. No se trata únicamente de seguir un conjunto de reglas o controles, sino de interpretar esas reglas con sabiduría y criterio en el contexto adecuado.

En el ámbito del control interno, el buen juicio significa aplicar los controles con inteligencia y adaptarlos a las circunstancias en lugar de seguirlos de manera ciega o automática. Es reconocer cuándo un control es suficiente o cuándo debe fortalecerse, y en qué momento una acción específica, aunque cumpla con las normas, podría no ser lo mejor para los intereses de la empresa. En este sentido, el buen juicio complementa a los controles al proporcionar flexibilidad y perspectiva, algo esencial para responder a situaciones imprevistas o complejas.

Aunque el control interno busca acotar la brecha entre las acciones correctas y la libertad, siempre deja claro que el buen juicio del empleado debe prevalecer, pues el mismo control interno entiende que el entorno es cambiante y que las reglas escritas pueden, de un momento a otro, desajustarse y necesita del apoyo de los empleados para ajustarlas con su buen juicio.

*¡Qué contrariedad con este otro precepto!*

A primera vista, este precepto «*El control interno se basa en métodos bien definidos y documentados, no en las acciones individuales, sin importar qué tan buenas sean las intenciones*» podría parecer contradictorio frente a este que dice: «*el buen juicio no reemplaza el control interno, lo complementa*», sin embargo, ambos se refuerzan mutuamente y abordan el control interno desde perspectivas diferentes.

- *Los controles no reemplazan el buen juicio, lo complementan.* Este precepto enfatiza que el buen juicio es una habilidad que permite aplicar los controles con flexibilidad y criterio, sobre todo en situaciones que no están completamente previstas o documentadas. Aunque los controles son herramientas esenciales, el buen juicio es el complemento que permite a los responsables interpretarlos adecuadamente, al considerar el contexto y la intención detrás de cada decisión.
- *El control interno se basa en métodos bien definidos y documentados, no en las acciones individuales, sin importar*

*qué tan buenas sean las intenciones.* Este precepto subraya la importancia de la consistencia y la formalidad en los métodos del control interno. El control interno es efectivo cuando se apoya en procesos claros y estructurados que no dependan exclusivamente de las habilidades o intenciones individuales. Esto reduce la dependencia de factores subjetivos y asegura que todos actúan bajo los mismos lineamientos, lo cual es crucial para la integridad y reproducibilidad del sistema.

*Cómo se refuerzan mutuamente*

Ambos preceptos trabajan en conjunto para reforzar un sistema de control interno balanceado. Los métodos bien definidos proporcionan una base sólida, ya que aseguran que todos trabajen bajo los mismos principios y procedimientos. A la vez, el buen juicio permite a quienes operan el sistema responder a situaciones únicas o excepcionales sin perder de vista los objetivos de la organización.

Los controles internos dependen de un equilibrio entre procesos documentados y bien estructurados, y el criterio de quienes los ejecutan. Los métodos formales aseguran la coherencia; el buen juicio permite adaptarse a la realidad operativa. Por tanto, lejos de contradecirse, estos preceptos se complementan al resaltar la necesidad de controles consistentes sin ignorar la importancia de un criterio prudente en su aplicación.

*Cuidado con la exageración del buen juicio*

Es importante tener en cuenta que, aunque el buen juicio es una herramienta complementaria fundamental para el control interno, su uso excesivo o innecesario puede ser una señal de advertencia. Si en una organización las decisiones se toman de manera recurrente en el buen juicio, es decir, en excepciones a los procedimientos establecidos, esto indica que los controles internos podrían estar fallando o que son inexistentes.

Aunque estas excepciones pueden estar documentadas y parecer bajo control, en realidad reflejan una falta de consistencia en los procesos y una debilidad estructural en el sistema de control interno. Cuando las decisiones se desvían constantemente de los métodos establecidos, esto muestra que no hay un proceso de mejora continua en marcha, lo cual puede poner en riesgo la integridad y eficacia del control interno.

El buen juicio debe ser un recurso excepcional, no la norma. Un sistema de control interno sólido y eficiente debe funcionar sin depender excesivamente de decisiones individuales que rompan con la estructura documentada y bien definida. Si esto ocurre, es necesario revisar y fortalecer el control interno para garantizar que las excepciones sean verdaderamente excepcionales y no una práctica recurrente.

*¿Cuándo es válido aplicar el buen juicio?*

El buen juicio, cuando se aplica correctamente, debe ser un recurso excepcional que se utilice principalmente en situaciones de urgencia o fuerza mayor, donde las circunstancias lo exijan. Esto significa que solo cuando los procedimientos establecidos no pueden ser seguidos de manera efectiva debido a condiciones imprevistas, el buen juicio debe tomar el rol de complemento y, así, ayudar a manejar la situación de manera adecuada sin comprometer los objetivos generales de la organización.

Este enfoque limita el uso del buen juicio a aquellos casos realmente extraordinarios o de fuerza mayor (por ejemplo, una crisis natural o un evento inesperado), y resalta la importancia de seguir los procedimientos y controles documentados en condiciones normales. La aplicación de un juicio discrecional solo en estos escenarios excepcionales asegura que no se debiliten los controles establecidos, sino que se les da flexibilidad cuando las circunstancias lo requieren para asegurar la continuidad operativa y la toma de decisiones efectiva.

El buen juicio no debería ser un recurso habitual ni reemplazar los controles internos, sino una herramienta excepcional que, cuando se usa, debe garantizar que se sigan los principios rectores de la organización y sus objetivos estratégicos, incluso cuando los procedimientos establecidos no son aplicables debido a la naturaleza urgente o fuera de lo común de la situación.

**Un ejemplo de éxito: el buen juicio ante una inundación.**
Una empresa dedicada a la distribución de productos electrónicos tiene varias bodegas en diferentes zonas. Una de ellas, ubicada en una región propensa a huracanes, albergaba mercancía por un valor total de 800 mil euros. El huracán más cercano de la temporada comenzó a manifestarse, y las autoridades emitieron una alerta de inundación para la zona donde se encontraba la bodega.

La mercancía almacenada en la bodega estaba compuesta por productos electrónicos sensibles al agua. La empresa había tomado medidas de precaución previas para minimizar los riesgos de inundación, pero no existían procedimientos establecidos para trasladar grandes cantidades de mercancía a otro sitio en un corto periodo de tiempo.

El gerente de la bodega, al enterarse de la inminente amenaza de inundación, utilizó su buen juicio para tomar una decisión rápida y efectiva. Reconociendo que los procedimientos establecidos para mover mercancía de emergencia no serían adecuados en una situación tan urgente, decidió alquilar una bodega cercana que no estaba en riesgo de inundación.

Dada la urgencia del caso, el traslado de toda la mercancía se realizó sin seguir los procesos formales de salida de almacén ni controles rigurosos. El tiempo apremiaba, y la prioridad era proteger la mercancía del daño inminente. El traslado de 800 mil euros en productos se completó en seis horas, un tiempo que permitió evacuar la bodega antes de que la inundación se materializara.

A las pocas horas, la bodega original se inundó, y la mercancía almacenada allí habría quedado irremediablemente dañada si no se hubiera tomado acción de manera rápida y efectiva. A pesar de que el traslado no siguió todos los controles documentados, como las salidas de almacén, el buen juicio aplicado por el gerente evitó una pérdida catastrófica.

El costo adicional del traslado, incluidos los 5 mil euros de maniobra y una ligera pérdida de productos debido a las apresuradas condiciones del traslado, fue mínimo en comparación con el valor de la mercancía salvada. Aunque la nueva bodega tenía un alquiler más alto (2 mil euros mensuales frente a los 1.5 mil euros de la bodega original), la inversión resultó ser justificada debido al costo de la mercancía salvada.

La aseguradora, que solo cubría hasta 550 mil euros en daños por inundación, no habría sido suficiente para compensar las pérdidas completas si no se hubieran tomado medidas preventivas.

Este caso muestra cómo el buen juicio complementa los controles internos. A pesar de que los controles documentados no permitían un traslado urgente sin formalidades, el gerente utilizó su experiencia y criterio para tomar una decisión rápida que protegió los intereses de la empresa. Sin este buen juicio, la empresa habría enfrentado una pérdida significativa que no solo afectaría la viabilidad económica, sino también la reputación frente a sus clientes y socios comerciales.

La lección es clara, aunque los controles formales son esenciales para la consistencia y la seguridad operativa, el buen juicio de los líderes en momentos de crisis puede salvar una situación y garantizar que los procedimientos establecidos se complementen con la flexibilidad necesaria para enfrentar lo imprevisto.

## El buen funcionamiento del control interno permanece oculto, pero sus fallas son visibles.

*El control interno actúa en silencio, pero cuando falla, el estruendo de sus consecuencias resuena en toda la organización.*

**El buen funcionamiento del control interno permanece oculto, pero sus fallas son visibles.**

El control interno es, en esencia, un mecanismo preventivo que actúa de manera constante y silenciosa en el trasfondo de las operaciones empresariales. Su éxito radica en su capacidad para mantener el flujo de procesos sin interrupciones y en la habilidad para evitar problemas antes de que se manifiesten. Por su naturaleza, cuando el control interno opera correctamente, sus efectos suelen ser invisibles para la mayoría de los empleados y directivos. Esto se debe a que su función primordial es minimizar el riesgo y prever contratiempos que podrían afectar el desempeño de la empresa, lo que crea una sensación de estabilidad y normalidad en el ambiente laboral.

Sin embargo, las fallas en el control interno son altamente visibles, ya que interrumpen esa estabilidad y ponen en evidencia las vulnerabilidades de la organización. Cuando un control falla, ya sea por descuido, falta de actualización o una supervisión inadecuada, las consecuencias pueden ser graves y notorias, desde errores financieros hasta incumplimientos regulatorios. En tales circunstancias, las deficiencias del sistema de control interno se vuelven palpables, lo que genera reacciones inmediatas tanto de los afectados como de la alta dirección, quienes suelen percibir estos eventos como indicios de problemas sistémicos más profundos.

Por tanto, es crucial reconocer que el control interno no debe ser evaluado únicamente en función de los incidentes evidentes, sino por su capacidad para prevenir que estos ocurran. La ausencia de problemas no debe interpretarse como una excusa para descuidar su supervisión, sino como una señal de que los controles están cumpliendo su propósito. Para mantener esta eficacia silenciosa, se requiere una revisión periódica y un ajuste continuo, de manera que el control interno siga siendo una barrera sólida frente a las amenazas, aunque pase desapercibido en su día a día.

Un ejemplo que ilustra esta premisa es el comercial de las llantas Michelin, que apareció en la década de 1990. En este anuncio, las personas eran entrevistadas y se les pedía que dijeran el nombre de la marca de las llantas de sus autos. La mayoría no sabía el nombre, lo que resaltaba el hecho de que nunca habían tenido problemas con sus llantas, lo que destacaba la durabilidad y calidad de los productos de Michelin. La campaña jugaba con la idea de que, cuando las llantas son confiables, los usuarios no suelen preocuparse por conocer la marca porque no experimentan fallos.

De manera similar, en las empresas, cuanto menos mencionado sea el departamento de control interno, mayor será su contribución y buen funcionamiento. La verdadera efectividad del control interno reside en su capacidad para operar en silencio, ya que garantiza que los procesos se desarrollen sin contratiempos y que la organización se mantenga en un camino seguro y estable.

## El control interno no solo detecta errores, también los previene.

*El control interno, al prevenir y detectar errores, es clave para fortalecer la operativa de la organización y asegurar la consecución de sus objetivos.*

**El control interno no solo detecta errores, también los previene.** El control interno tiene una doble función fundamental en las organizaciones: la detección y la prevención de errores. Detectar errores es una función reactiva, donde el sistema identifica fallas después de que han ocurrido y permite tomar acciones correctivas. Sin embargo, la prevención, que es la verdadera esencia de un control robusto, actúa de manera proactiva, con el objetivo de anticiparse a las posibles causas de fallos antes de que se materialicen. Esta capacidad de anticipación fortalece el control interno, ya que evita tanto errores operativos como fraudes o desviaciones que puedan afectar los objetivos de la empresa.

Un control interno preventivo está diseñado para ser integrado en los procesos diarios de la organización con el objetivo de reducir las oportunidades de errores humanos o tecnológicos. Al establecer procedimientos claros, límites de autoridad, revisiones constantes y mecanismos automáticos, la empresa genera barreras que impiden la ocurrencia de fallos. Por ejemplo, los controles preventivos pueden incluir la segregación de funciones, controles automáticos en sistemas de información, políticas de seguridad y capacitación adecuada para los empleados. Estos elementos disminuyen los riesgos inherentes y crean una cultura organizacional enfocada en hacer las cosas bien desde el principio.

La prevención de errores también se refleja en la capacidad de una organización para adaptarse y mejorar continuamente sus procesos. Un sistema de control interno efectivo, lejos de quedarse estancado en la corrección de problemas, se mantiene en constante evolución y se anticipa a riesgos futuros con ajustes a los controles preventivos para mantener su relevancia. La prevención de riesgos genera confianza dentro de la organización y en su entorno externo, pues demuestra que están bajo control y que los procesos se gestionan con rigor y profesionalismo.

*Los controles preventivos ocurren en la primera línea*

Los controles preventivos, por su naturaleza, están profundamente ligados a las operaciones diarias de una organización. Estos controles ocurren en la primera línea, donde los empleados y supervisores ejecutan los procesos directamente relacionados con la producción, venta de bienes o servicios, o cualquier otra actividad central. En esta primera línea, las acciones preventivas están diseñadas para anticiparse a los errores o desviaciones antes de que puedan ocurrir. Ejemplos de controles preventivos incluyen verificaciones automáticas en sistemas de información, revisiones manuales antes de aprobar una transacción, y la adecuada segregación de funciones. La eficacia de estos controles depende de su integración en la operación misma, lo que permite detectar posibles fallas en tiempo real y evita que se materialicen.

Sin embargo, existe una idea comúnmente errónea de que los departamentos de control interno, auditoría interna y externa tienen la capacidad de ejecutar controles preventivos. En realidad, estas áreas pertenecen a la segunda, tercera y cuarta líneas, respectivamente, y su función se centra en la detección y monitoreo de riesgos y errores que ya han ocurrido. El departamento de control interno, como segunda línea, es responsable de diseñar, establecer y supervisar la implementación de los controles preventivos, pero no de ejecutarlos. De igual forma, los departamentos de auditoría interna y externa, que constituyen la tercera y cuarta líneas, solo actúan a posteriori, y revisan si los controles preventivos fueron efectivamente implementados y si cumplieron con su objetivo.

Los controles preventivos no pueden ser delegados a las áreas de supervisión y auditoría. El éxito de los controles preventivos depende directamente de su correcta implementación en la primera línea, es decir, en las operaciones del día a día. Mientras el departamento de control interno puede influir en la mejora y el diseño de estos controles, su rol no es ejecutarlos, sino supervisar que las áreas operativas lo hagan. Por tanto, es vital que los operadores y supervisores entiendan su responsabilidad como los verdaderos ejecutores de los controles preventivos, mientras que las líneas posteriores actúan como responsables de que dichos controles hayan sido adecuadamente establecidos y mantenidos.

*Existen dos formas de fortalecer los procesos*

Fortalecer los procesos dentro de una organización puede abordarse desde dos enfoques distintos: proactivo y reactivo.

*De forma proactiva:* este enfoque se centra en anticipar y prevenir problemas antes de que surjan. Sin embargo, es un proceso que demanda un profundo conocimiento del funcionamiento interno de la organización y un análisis exhaustivo de sus operaciones. El *«ingeniero en la construcción de procesos»* juega un papel crucial en este aspecto, ya que requiere una combinación de habilidades analíticas y creativas para diseñar controles que se integren eficazmente en la estructura existente. A través de la identificación temprana de riesgos potenciales y la implementación de medidas preventivas adecuadas, se logra minimizar las oportunidades de error y fraude, lo que permite establecer una cultura organizacional que prioriza la mejora continua.

*De forma reactiva:* este enfoque, por otro lado, es más costoso y complejo. Se activa únicamente después de que ha ocurrido un fraude o una falla significativa. En este caso, la organización se ve obligada a analizar el *modus operandi* de los fraudes o la causa raíz de las fallas, lo que puede implicar un extenso trabajo de investigación y una inversión considerable en tiempo y recursos. El hecho de llegar a esta situación conlleva un impacto financiero y afecta la reputación de la empresa y la confianza de sus empleados y clientes. La experiencia adquirida en estas situaciones puede ser valiosa para evitar futuros incidentes, pero depender de este enfoque significa vivir con el riesgo constante de que los problemas se materialicen.

Mientras que el enfoque reactivo puede proporcionar aprendizajes importantes, el verdadero fortalecimiento de los procesos se logra a través de un enfoque proactivo. La capacidad de anticiparse a los problemas y establecer controles adecuados desde el principio es lo que define a una organización resiliente, capaz de operar de manera eficiente y efectiva en un entorno en constante cambio.

## El lado opuesto del control interno es la falla o error.

> *Los errores no solo abren puertas al caos y a la corrupción; también son la chispa que enciende la reacción hacia la mejora continua. Ignorar los errores es invitar al fraude y cerrar los ojos a la verdad, a la vez que se niega la oportunidad de crecimiento que cada falla trae consigo.*

**El lado opuesto del control interno es la falla o error.**

En toda empresa, el control interno operativo juega un papel fundamental en la prevención de fallas, errores y fraudes. Sin embargo, es un error pensar que la ausencia de estos eventos garantiza que el control interno es efectivo. Para comprender realmente el rol que juega el control interno en una organización, debemos reflexionar sobre lo que significan las fallas y errores desde un punto de vista más profundo, y ver su impacto más allá de lo evidente.

Las fallas y errores, aunque dañinos para la empresa, no deben ser percibidos simplemente como signos de fracaso o como problemas que deben ser evitados a toda costa. Desde el punto de vista del control interno operativo, representan una oportunidad. Cada error que se manifiesta es, en esencia, una ventana que permite identificar las debilidades en los procesos y en última instancia brinda la posibilidad de fortalecer el sistema. Indiscutiblemente, las fallas o errores en una empresa son dañinos y pueden tener consecuencias negativas en los resultados, en los recursos humanos y financieros, así como en la reputación de la organización. Sin embargo, al observarlo desde el prisma del control interno operativo, surge una paradoja interesante: estos errores, que inicialmente parecen adversos, pueden ser la clave para que una empresa perfeccione y fortalezca sus procesos.

Es en este punto donde entra en juego el verdadero valor del control interno: aprender de los errores. No basta con señalar que ocurrieron fallas, sino que es esencial investigar las causas subyacentes que las provocaron. Este enfoque de análisis de causa raíz permite a la empresa obtener una comprensión más profunda de sus procesos y descubrir cómo prevenir fallos similares en el futuro. Por ejemplo, cuando se detecta una falla, la empresa debe hacer un análisis detallado de lo ocurrido: qué sucedió, cómo ocurrió, qué pérdidas provocó y, lo más importante, qué la causó. Solo al llegar a este nivel de comprensión se pueden implementar mejoras efectivas que realmente fortalezcan el control interno y hagan que el proceso afectado sea más robusto.

Si una empresa comete errores constantes, es un síntoma claro de que el control interno es deficiente. Las fallas recurrentes, ya sea en la operación o en la administración, no son simples incidentes aislados, sino señales de que algo estructuralmente está mal. Esta carencia de control interno puede desencadenar, en última instancia, fraudes o pérdidas más significativas, que ponen en riesgo la sostenibilidad de la empresa. La clave radica en aprender de estos errores, corregir los defectos del sistema y ajustar los procedimientos para que estas fallas no se repitan. Este ciclo de «error-análisis-mejora» es lo que hace que una empresa progrese y evolucione en términos de control interno. A mayor velocidad sin automatización, el control se pierde; con control, se conserva. La automatización mantiene la precisión y minimiza los riesgos, a la vez que permite incrementar la velocidad.

El control interno fortalecido es esencial para la salud de la empresa. Una empresa sana es aquella donde los procesos fluyen sin fricciones innecesarias, donde se logran los resultados deseados de manera eficiente, y donde los empleados no están constantemente estresados por la falta de claridad o por procesos complejos y caóticos.

Un indicador importante de la salud de una empresa es el nivel de estrés y frustración entre sus empleados. A mayor estrés y frustración, menor será la salud de la organización. Los procesos que son excesivamente complejos no solo propician errores, sino que también son una señal de que la alta dirección está desconectada de la operación diaria. La complejidad innecesaria en los procesos lleva a la ineficiencia y trae como consecuencia el aumento de costos y la disminución de la rentabilidad.

En última instancia, el control interno es una herramienta poderosa que no solo ayuda a prevenir errores, sino que, cuando se utilizan adecuadamente las lecciones aprendidas de estos errores, se convierte en una palanca para mejorar continuamente los procesos y mantener la empresa competitiva y saludable.

*Pongamos ejemplos de errores de procesos:*

- Pagar dos veces la misma factura.
- Entregar producto de más al cliente.
- Entregar un producto distinto del solicitado.
- Acreditar el pago de un cliente a otra cuenta.
- Declarar incobrables cuentas de clientes que aún podían ser recuperadas.
- Facturar al cliente un monto incorrecto.
- Omitir el registro en el sistema de un pago recibido.
- Enviar una orden de compra duplicada al proveedor.
- Aplicar descuentos no autorizados en ventas.
- Omitir la aplicación de impuestos en la facturación.
- Procesar devoluciones de productos de forma incorrecta.

Estos errores son señales claras de que la empresa carece de un control interno fortalecido. Si bien las causas de estos errores pueden ser diversas, en este contexto queremos centrarnos en uno de los factores clave que los propician: la complejidad de los procesos.

*¿Qué es un proceso complejo?*

En el ámbito del control interno operativo, un proceso complejo es aquel que, además de involucrar múltiples etapas, decisiones, dependencias y participantes, presenta características específicas que dificultan su ejecución y aumentan significativamente la probabilidad de errores o fallas. No todos los procesos que incluyen múltiples elementos o actividades interrelacionadas son necesariamente complejos; lo son aquellos en los que la combinación de estas características crea una estructura intrincada, en la que una falta de claridad o un control adecuado amplifica las vulnerabilidades y expone el proceso a una mayor cantidad de riesgos y a un incremento en la probabilidad de fallos en la operación.

*Factores que contribuyen a la complejidad de un proceso:*

- *Múltiples decisiones críticas:* cuando un proceso requiere continuas aprobaciones, revisiones o autorizaciones por parte de diferentes personas o áreas, se generan cuellos de botella. Esta dependencia de múltiples decisiones incrementa el margen de error, especialmente cuando los controles no son claros o no están bien definidos.
- *Intervención humana constante:* a mayor intervención manual, mayor es la probabilidad de fallos. Los procesos que dependen en gran medida del juicio y la atención al detalle del personal son más propensos a errores y reflejan una debilidad en los controles internos.
- *Falta de automatización:* la ausencia de automatización introduce complejidad adicional. Los procesos manuales suelen carecer de la estandarización y precisión que la tecnología puede proporcionar. Esto incrementa los puntos vulnerables al error humano y afecta la eficiencia operativa.
- *Interacciones entre sistemas y departamentos:* la complejidad de un proceso aumenta considerablemente cuando este requiere coordinación entre distintos sistemas tecnológicos o departamentos. Cada interacción añade un potencial punto de fallo, y si no se establecen controles adecuados, los flujos de información pueden verse afectados.

Para reducir esta complejidad y el riesgo de errores, es crucial implementar un sistema unificado, como un sistema ERP-BOIC.

Este debe reemplazar cualquier sistema administrativo secundario para que la empresa mantenga un control administrativo integral y centralizado. Al contar con un único sistema robusto que gestione todas las áreas administrativas, se asegura una mayor coherencia en los procesos y se minimizan las fallas derivadas de la dispersión de información entre sistemas múltiples.

*La relación entre procesos complejos y el control interno*

Los procesos complejos aumentan significativamente la distancia entre la empresa y un sistema de control eficiente. La falta de simplificación y estandarización hace que los errores se acumulen en diferentes puntos del proceso y dificultan su prevención por parte de los controles internos. Un sistema de control efectivo debe buscar descomponer la complejidad, simplificar los procesos y reducir los puntos críticos donde los errores pueden ocurrir.

Un proceso complejo es uno de los principales enemigos del control interno, ya que no solo aumenta el riesgo de fallas, sino que también limita la capacidad de la empresa para reaccionar y corregir esos errores de manera efectiva.

**Un ejemplo de fracaso: los errores dan pie a los fraudes.**

Los errores en los procesos no solo afectan la eficiencia operativa, sino que también pueden abrir la puerta a fraudes. Un claro ejemplo sucedió en una empresa donde el empleado encargado de pagar a los proveedores, tras cometer un error inicialmente involuntario, aprovechó la falta de corrección de este para desarrollar una actividad fraudulenta.

En una ocasión, este empleado pagó por error dos veces la misma factura sin que nadie se diera cuenta. Días después, él mismo detectó la equivocación, pero en lugar de corregirla, decidió no hacerlo, ya que no hubo ningún reclamo ni de sus superiores ni de los proveedores. Al percatarse de esta situación, surgió en él la idea de aprovechar la vulnerabilidad del sistema. Así, se puso de acuerdo con un proveedor para pagarle de manera duplicada a propósito. Este fraude se prolongó durante aproximadamente ocho meses hasta que una investigación reveló lo que había sucedido.

*¿Cómo fue posible el pago doble?*

El esquema fraudulento se originó en un pequeño detalle técnico. La factura original del proveedor tenía el número RO123. Al pagarla la primera vez, el empleado ingresó correctamente ese número en el sistema y marcó la factura como pagada. Sin embargo, al realizar el segundo pago, ingresó un número ligeramente diferente: R0123 (sustituyendo la letra «O» por el número «0»). Como el sistema no reconocía este segundo número como una duplicación de la factura original, aceptó el pago sin alertas. De esta manera, el empleado descubrió y explotó esta vulnerabilidad del sistema para su beneficio.

*El rol de la autorización de pagos*

Otro aspecto clave que facilitó el fraude fue la falta de supervisión efectiva. El jefe del empleado encargado de los pagos debía autorizar las transacciones, pero lo hacía de manera mecánica, sin verificar realmente la documentación o los detalles de los pagos. Al reducir la autorización a un mero trámite burocrático, el jefe dejó una brecha que el empleado aprovechó para llevar a cabo el fraude sin que fuera detectado durante varios meses.

*¿Cómo se descubrió el fraude?*

Aunque la empresa contaba con un departamento de control interno que realizaba revisiones periódicas, los controles no generaban suficientes pistas de auditoría para recrear lo que realmente estaba ocurriendo. El departamento de control interno no pudo identificar el fraude; en cambio, las primeras alertas surgieron de la observación de los compañeros de trabajo, quienes notaron que el empleado llevaba un nivel de vida desproporcionado en relación con su sueldo, pues vestía ropa costosa y conducía un automóvil de alto valor. Este hecho llevó a los empleados a reportar la situación a sus superiores. A raíz de esta denuncia, se inició una investigación específica sobre el empleado y sus transacciones, lo que reveló un patrón de pagos duplicados a un mismo proveedor. Se tomaron acciones legales contra el empleado y el proveedor, lo que resultó en una sentencia que privó de su libertad al empleado. Esto resalta un precepto clave: *«Desde el punto de vista médico, lo más importante que tiene el ser humano es la salud; desde el punto de vista del control interno, la libertad»*.

*Analicemos los preceptos que se vieron afectados en este caso*

*«El control interno es falible»;* este precepto, aunque se encuentra en la cima jerárquica, representa al mismo tiempo el cimiento de todos los demás. Cuando se ve comprometido, es porque uno o varios de los otros preceptos ya han fallado. Su afectación representa la materialización del daño.

*«El lado opuesto del control interno es la falla o error»;* un simple error fue la chispa que detonó la conducta fraudulenta. La falla inicial no fue contenida ni corregida a tiempo, lo que permitió que el error escalara en magnitud e intención.

*«El control interno no está peleado con la amistad, pero la mantiene al margen»;* el empleado primero cultivó una relación cercana con el proveedor para luego involucrarlo en el fraude. Este vínculo afectivo distorsionó los límites éticos y facilitó el delito.

*«La colusión entre dos personas es suficiente para romper cualquier medida de control»;* en este caso, el empleado y el proveedor

se aliaron para delinquir. Es importante notar que uno pertenece a la organización y el otro es externo, lo cual refuerza la idea de que la colusión no se limita a actores internos.

*«Los controles débiles crean un falso sentido de seguridad»;* firmar por firmar no constituye un control real. El gerente de pagos autorizaba las transacciones sin verificar la documentación, lo cual generó una falsa percepción de supervisión y abrió la puerta al fraude.

*«El control interno no se basa en la confianza»;* la falla del punto anterior revela que el gerente confiaba ciegamente en su subordinado. Este precepto recuerda que la confianza, si bien, es valiosa en lo humano, puede debilitar la estructura de control si sustituye la revisión objetiva.

*«Desde el punto de vista médico, lo más importante que tiene el ser humano es la salud; desde el punto de vista del control interno, la libertad»;* el caso ilustra este precepto de forma contundente: el empleado perdió su libertad como consecuencia de sus actos ilícitos. El control interno no solo protege a la empresa, también puede proteger al individuo de sí mismo.

*«Las políticas, procesos, controles, incentivos, etc., mal diseñados y que permanecen en el tiempo, se convierten en ley y será difícil erradicarlos»;* el sistema permitía registrar el número de factura sin un control riguroso de duplicidad, lo cual facilitó el fraude. Además, la misma persona se encargaba de registrar y pagar, lo que evidenció una deficiente segregación de funciones.

*«El control interno se desmorona si deja de supervisarse»;* este precepto, aunque no se mencionó explícitamente en el caso, se vuelve relevante al notar que fueron los compañeros quienes alertaron sobre el comportamiento extraño del empleado. La supervisión informal, en este caso, terminó siendo más efectiva que los controles formales.

## Por los fundamentos operativos

## El control interno se refuerza con la suma de sus componentes.

*El control interno se fortalece cuando todos sus componentes interactúan de manera coordinada, lo que crea un sistema integral que optimiza la gestión de riesgos y asegura el cumplimiento de objetivos organizacionales.*

**El control interno se refuerza con la suma de sus componentes.**
El control interno debe entenderse como un sistema integral y no como un conjunto de medidas aisladas. Su efectividad no depende de la implementación de componentes individuales, sino de la interacción y sinergia entre todos sus elementos. La fortaleza del control interno radica en cómo cada uno de sus componentes contribuye al refuerzo del sistema en su totalidad.

*Componentes del control interno según el modelo COSO*
Según el modelo COSO (C*ommittee of* S*ponsoring* O*rganizations of the Treadway Commission*), el control interno se compone de cinco elementos esenciales que, cuando se implementan de manera coordinada, proporcionan una estructura robusta para la gestión de riesgos y el cumplimiento de los objetivos organizacionales. Estos componentes son:

- *Ambiente de control:* este componente establece la base del control interno. Incluye la cultura organizacional y el compromiso de la alta dirección con el control, ética y la integridad. Un ambiente de control sólido genera confianza en los procesos de la organización.

- *Evaluación de riesgos:* consiste en identificar y analizar los riesgos que pueden afectar el logro de los objetivos de la organización. Una evaluación adecuada permite dirigir los esfuerzos hacia las amenazas más significativas.
- *Actividades de control:* son las políticas, procedimientos y prácticas que se implementan para mitigar los riesgos identificados. Estas actividades deben estar alineadas con los objetivos estratégicos y operativos de la organización.
- *Información y comunicación:* este componente abarca la gestión de la información clave y su distribución oportuna a las personas adecuadas dentro de la organización. Una comunicación efectiva asegura que todos los niveles de la organización estén informados y actúen de acuerdo con las políticas de control.
- *Monitoreo:* implica la evaluación continua del funcionamiento de los controles internos y la toma de acciones correctivas cuando sea necesario. El monitoreo constante garantiza que el sistema de control interno evolucione en respuesta a nuevos riesgos y cambios en el entorno.

*La importancia de la interacción entre los componentes*

Los componentes del control interno no deben considerarse de forma independiente. Cada uno de ellos debe interactuar con los demás y generar una sinergia que refuerce el sistema en su conjunto. Esta interdependencia es crucial para asegurar que los controles sean efectivos. Algunos ejemplos clave de esta interacción son:

- *Ambiente de control y actividades de control*: un ambiente de control débil puede hacer que las actividades de control sean ineficaces, incluso si estas están bien diseñadas. Si la alta dirección no muestra un compromiso genuino, las políticas y procedimientos pueden no ser seguidos de manera adecuada.

- *Evaluación de riesgos y actividades de control*: la evaluación de riesgos es esencial para enfocar las actividades de control en los aspectos más críticos. Si no se identifican adecuadamente los riesgos, las actividades de control pueden ser mal dirigidas, lo que deja áreas vulnerables desprotegidas.
- *Información y comunicación con monitoreo*: sin un flujo continuo de información, el monitoreo se ve obstaculizado. Las áreas responsables del monitoreo necesitan información precisa y actualizada para poder evaluar la eficacia de los controles y tomar decisiones informadas.

*La sinergia de los componentes*

El verdadero poder del control interno reside en la sinergia entre sus componentes. No se trata de sumar esfuerzos aislados, sino de alinearlos para formar un sistema robusto que responda a los riesgos inmediatos y sea capaz de anticiparse a futuros desafíos.

Cuando todos los componentes funcionan de manera integrada y alineada, el control interno se fortalece. Esto permite a la organización, además de enfrentar los riesgos actuales, adaptarse a estos, a cambios regulatorios y a dinámicas del entorno empresarial.

*Una visión holística del control interno*

Un sistema de control interno eficaz requiere una visión holística. No se debe entender cada componente como un esfuerzo independiente, sino como parte de un todo interconectado que refuerza la seguridad, eficiencia y efectividad organizacional. Esta visión permite que los controles se ajusten de manera dinámica y respondan a los riesgos existentes y a los nuevos desafíos que puedan surgir.

El fortalecimiento del control interno depende de implementar medidas conjuntas y reconocer que cada componente es indispensable para la eficacia del sistema. La clave está en la sinergia: solo cuando todos los componentes trabajan de manera alineada, el control interno se convierte en una herramienta verdaderamente poderosa para proteger a la organización y asegurar el cumplimiento de sus objetivos.

**Un ejemplo de éxito: empresa de cosméticos**

Una empresa multinacional que se dedica a la fabricación de productos cosméticos cuenta con 11,500 empleados y logra ingresos por 705 millones de euros al año. Durante años, la empresa experimentó un crecimiento constante, pero también enfrentaba varios desafíos operativos y regulatorios. Uno de los mayores problemas era la falta de un sistema de control interno robusto que pudiera adaptarse a los cambios rápidos en el mercado y manejar eficientemente los riesgos asociados a la expansión global.

La alta dirección, consciente de la necesidad de un cambio, decidió hacer una revisión exhaustiva del sistema de control interno y aplicar un enfoque más estructurado. Desde el principio, la alta dirección entendió que un sistema de control interno eficaz no podía basarse únicamente en medidas aisladas, sino que debía ser un sistema integral donde todos los componentes trabajaran de manera interconectada.

*El enfoque: implementación del modelo COSO y la interconexión de los componentes del control interno*

El primer paso fue implementar el modelo COSO y adaptarlo a las necesidades de la empresa. Para lograr la interconexión de los componentes del control interno, el departamento de control interno se enfrentó a varios retos. Cada componente debía ser ajustado y coordinado para generar una sinergia que permitiera fortalecer la empresa en su conjunto.

1. *Ambiente de control:* la alta dirección mostró un compromiso claro y constante con la implementación del control interno, transmitiendo a toda la organización la importancia de la ética, la integridad y la cultura organizacional. Se promovió un ambiente de trabajo basado en la confianza, donde la dirección no solo dictaba las políticas, sino que se involucraba activamente en su seguimiento.
2. *Evaluación de riesgos:* uno de los mayores desafíos fue identificar y evaluar correctamente los riesgos. La empresa opera en múltiples mercados internacionales, lo que genera riesgos económicos, políticos, regulatorios, tecnológicos y culturales. El equipo de control interno, con el apoyo de la alta dirección, desarrolló un análisis exhaustivo de riesgos que permitió enfocar los esfuerzos en los riesgos más críticos.
3. *Actividades de control:* a partir de la evaluación de riesgos, el departamento de control interno participó activamente en el diseño de políticas y procedimientos para mitigar las amenazas identificadas. Los controles fueron implementados en todos los niveles operativos, desde la cadena de suministro hasta la gestión financiera.
4. *Información y comunicación:* uno de los aspectos más importantes de la implementación fue asegurar que la información relevante llegara de manera fluida y precisa a todos los niveles de la organización. Se desarrolló una infraestructura de comunicación que garantizó que los empleados tuvieran acceso oportuno a los datos clave para tomar decisiones informadas.

5. *Monitoreo:* el monitoreo continuo permitió evaluar la eficacia de los controles internos y adaptarlos según fuera necesario. La alta dirección también participó activamente en el seguimiento de las métricas clave, lo que aseguró que el sistema estuviera en constante mejora.

*Logros: un sistema robusto de control interno que posicionó a la empresa en la cima del mercado*

Gracias a la implementación exitosa de este enfoque integrado, la organización experimentó un cambio significativo en su capacidad para gestionar riesgos y alcanzar sus objetivos estratégicos.

- *Preferencia de los clientes:* los clientes comenzaron a preferir los productos de la organización no solo por la calidad, sino también por la transparencia y seguridad que esta brindaba. La integración de los componentes del control interno les permitió garantizar productos de alta calidad, entregados a tiempo y con una gestión ética y responsable.
- *Prevención de riesgos:* los riesgos previamente identificados, como fluctuaciones económicas globales, amenazas cibernéticas, desabasto de materias primas, etc. fueron gestionados eficazmente. La anticipación a estos riesgos y la implementación de medidas de control adecuadas permitió a la empresa minimizar el impacto de estos eventos adversos.
- *Análisis de riesgos y medidas de control:* el equipo de control interno, con la ayuda de la alta dirección, implementó medidas de control basadas en un análisis de riesgos preciso. La identificación temprana de amenazas permitió que se tomaran decisiones informadas y se implementaran controles que protegieron a la empresa de posibles pérdidas financieras o reputacionales.

- *Comunicación eficaz:* la comunicación interna mejoró significativamente. Todos los departamentos de la empresa estuvieron alineados, compartiendo información relevante sobre riesgos, controles y resultados de monitoreo. Esto fomentó una cultura de colaboración y permitió que las decisiones se tomaran con base en información precisa y oportuna.

Este caso demuestra que la efectividad del control interno no se logra mediante la implementación de medidas aisladas, sino a través de la interconexión de sus componentes. La visión holística y la sinergia entre el ambiente de control, la evaluación de riesgos, las actividades de control, la información y comunicación, y el monitoreo, permitió a la empresa no solo alcanzar sus objetivos, sino también superar los riesgos y desafíos del entorno global. La alta dirección entendió desde un principio que este enfoque integral era el camino correcto y su liderazgo comprometido fue fundamental para el éxito de la implementación.

La lección clave de este caso es que un sistema de control interno robusto requiere una visión global y un enfoque integral donde todos los componentes trabajen juntos para fortalecer la seguridad, la eficiencia y la efectividad organizacional.

## La fortaleza del control interno va en proporción inversa a la dependencia del factor humano.

*La fortaleza del control interno radica en reducir la dependencia humana en tareas operativas, permitir que los sistemas automatizados las realicen y reservar el juicio humano para la supervisión, el análisis y las decisiones estratégicas.*

**La fortaleza del control interno va en proporción inversa a la dependencia del factor humano.**
Este precepto refleja la importancia de minimizar los riesgos asociados a errores, fraudes o negligencias que pueden surgir cuando los controles dependen excesivamente de las personas. A mayor automatización y estandarización de procesos, menor es la posibilidad de que las decisiones críticas o las tareas repetitivas sean influenciadas por las limitaciones del ser humano, como la fatiga, la subjetividad, la flojera o la falta de conocimientos específicos.

Esto no significa eliminar por completo la intervención humana, sino diseñar sistemas que reduzcan las oportunidades de fallas humanas. La implementación de controles automatizados, como registros electrónicos, sistemas de auditoría continua y alertas automáticas, fortalece el control interno al garantizar consistencia y precisión. Así, el papel del factor humano se desplaza a la supervisión, evaluación y ajustes de estos sistemas, lo que optimiza los recursos y mejora la seguridad de los procesos.

En este sentido, la dependencia del factor humano debe estar enfocada en áreas donde su juicio y adaptabilidad sean necesarios, mientras que las tareas rutinarias o susceptibles de error se delegan a mecanismos tecnológicos. Esto contribuye a una estructura de control más robusta y confiable, para reducir la exposición a riesgos derivados de la naturaleza humana.

Este precepto es una afirmación válida que refleja cómo la automatización puede reducir riesgos derivados de errores y sesgos humanos. Sin embargo, esta idea requiere ser matizada, ya que el control interno no puede prescindir totalmente del ser humano. El equilibrio ideal consiste en minimizar la dependencia del factor humano en tareas operativas y rutinarias, mientras se aprovechan sus fortalezas en actividades estratégicas y supervisión.

*El factor humano: ¿necesario o riesgoso?*

El ser humano es un componente crítico, pero también un riesgo potencial para el control interno debido a su capacidad para actuar en función de intereses personales, lo que puede llevar a fraudes, negligencias o favoritismos. No obstante, existen áreas del control interno que dependen inevitablemente del juicio, la ética y la adaptabilidad humana, elementos que la tecnología no puede replicar plenamente.

*Los límites de la automatización*

La automatización reduce significativamente la incidencia de errores y minimiza la subjetividad humana, pero tiene limitaciones inherentes:

- *Juicio y análisis crítico:* las máquinas carecen de la capacidad para interpretar contextos complejos o tomar decisiones que consideren variables intangibles.
- *Flexibilidad:* los sistemas son rígidos y no pueden adaptarse rápidamente a situaciones excepcionales sin intervención humana.
- *Ética y valores:* aunque pueden ejecutar reglas con precisión, no garantizan que dichas reglas sean justas, éticas, equitativas o diseñadas con mala intención.

*Áreas clave donde el ser humano añade valor*

- *Interpretación y análisis crítico:* los sistemas pueden procesar grandes volúmenes de datos, pero el análisis contextual y la detección de patrones complejos requieren de la experiencia humana. Por ejemplo, un auditor interno puede distinguir entre un error técnico y un fraude a partir de una discrepancia detectada por un sistema.
- *Adaptación a la variabilidad:* los entornos empresariales están en constante cambio, y muchas circunstancias no pueden preverse ni programarse. El ser humano puede responder a cambios regulatorios, riesgos emergentes y contextos excepcionales, como una crisis económica o sanitaria.
- *Creatividad e innovación:* los sistemas automatizados son eficientes para ejecutar tareas específicas, pero no pueden rediseñar procesos ni identificar oportunidades de mejora. Las personas aportan creatividad e innovación, lo que fortalece el control interno y mejora la productividad empresarial.
- *Gestión ética y relacional:* las normas y controles no pueden reemplazar la interacción humana en áreas sensibles como la resolución de conflictos, la promoción de una cultura organizacional ética y la capacitación en principios de integridad.
- *Supervisión y validación de sistemas automatizados:* aunque los sistemas tecnológicos son cada vez más avanzados, necesitan supervisión humana para prevenir fallos, evitar sesgos y tomar decisiones en situaciones ambiguas.

*Equilibrio ideal entre humanos y tecnología*

El control interno se fortalece cuando las tareas operativas y repetitivas se automatizan, lo que disminuye los riesgos de error humano y alteración de la información. Sin embargo, en actividades estratégicas, la intervención humana sigue siendo indispensable.

- *Diseño y revisión de controles:* los sistemas automatizados requieren un robusto diseño y una continua revisión realizada por expertos.
- *Monitoreo y auditoría:* la tecnología puede detectar desviaciones, pero el análisis de su origen y la solución dependen del criterio humano.
- *Toma de decisiones éticas:* las situaciones que involucran justicia o equidad necesitan un enfoque humano que trascienda las reglas predefinidas.

El control interno debe aspirar a un equilibrio que combine la eficiencia de la automatización con la adaptabilidad y el juicio humano. Mientras que la tecnología reduce errores y asegura consistencia en los procesos, el ser humano aporta análisis crítico, creatividad, y una perspectiva ética necesaria para enfrentar situaciones complejas. En última instancia, el fortalecimiento del control interno no se basa en eliminar el factor humano, sino en redefinir su rol hacia actividades estratégicas y de supervisión.

**Un ejemplo de éxito: cómo reducir la dependencia humana fortaleció el control interno y permitió el crecimiento.**

Este caso trata de una taquería, un negocio de restaurantes especializados en tacos, con 8 sucursales y 60 empleados, que lograba ventas anuales de 700 mil euros.

La historia de esta taquería muestra cómo reducir la dependencia humana en procesos operativos puede fortalecer el control interno y, al mismo tiempo, impulsar el crecimiento de una empresa.

Durante seis años, la taquería permaneció estancada en su crecimiento. El fundador, convencido de que la preparación manual de guisos y tacos era esencial para preservar el «toque artesanal» de su sazón, se resistió a cambiar la metodología de producción. Este proceso tradicional limitaba su capacidad para abrir nuevas sucursales, ya que los empleados debían trabajar a marchas forzadas para cumplir con la producción diaria, lo que generaba un fuerte descontento entre ellos y un sentimiento de explotación.

Eventualmente, el fundador entregó la dirección del negocio a sus hijos, quienes, tras involucrarse en el análisis de la situación del restaurante, detectaron una gran dependencia de la labor humana en los procesos de producción. Para resolver este problema, decidieron realizar una serie de mejoras basadas en la automatización de tareas críticas, sin sacrificar la calidad y el sabor que distinguían a la empresa.

1. *Automatización de la cocción y estandarización de recetas.* Implementaron estufas industriales con control automático de temperatura y temporizadores, lo que permitió regular con precisión el tiempo de cocción de los guisos. De esta forma, se eliminó la necesidad de que los empleados monitorearan constantemente el proceso, reduciendo la probabilidad de errores y la variabilidad en el sabor de los alimentos. Además, documentaron las recetas y técnicas de preparación, asegurando un sabor uniforme en todos los platillos.
2. *Optimización en el corte y preparación de ingredientes.* La empresa adquirió herramientas especializadas para cortar verduras y carne con mayor rapidez, precisión y seguridad. Con estos equipos, los empleados pudieron realizar sus tareas de preparación de ingredientes en menor tiempo, con mayor consistencia y menores riesgos de accidentes.

3. *Centralización de la producción y distribución eficiente.* En lugar de preparar los guisos en cada sucursal, la empresa centralizó la producción en una única planta y adoptó un sistema de congelación que permitió almacenar grandes cantidades de guisos para distribuirlos semanalmente a las sucursales. Esto facilitó la logística, redujo los costos y mejoró la capacidad de respuesta a la demanda en cada restaurante.
4. Gracias a estas medidas, los responsables comprobaron que el sabor de sus productos se mantenía e incluso mejoraba, ya que el proceso automatizado garantizaba la consistencia en la sazón. De esta forma, se superó la percepción de que la preparación manual era indispensable para la calidad del sabor, demostrando que la verdadera esencia de la sazón estaba en la alta calidad de los ingredientes y no en la intervención humana.
5. *Impacto positivo en los empleados y en el crecimiento empresarial.* Con estos cambios, los empleados ahora pueden enfocarse en actividades de atención al cliente y labores administrativas, lo que mejoró su percepción de la empresa. Se beneficiaron de salarios más altos y más días de vacaciones, lo cual aumentó su satisfacción laboral. La empresa, a su vez, experimentó un crecimiento significativo, logrando abrir 25 sucursales adicionales en tan solo dos años.

Este caso ejemplifica cómo la dependencia humana excesiva, además de ser un obstáculo para el control interno, puede limitar el crecimiento de la empresa. La automatización fortaleció los procesos operativos e impulsó el desarrollo y expansión del negocio, sin comprometer la estabilidad laboral de los empleados. En lugar de reducir personal, la empresa incluso amplió su plantilla laboral gracias a su crecimiento.

## El control interno nace en la estandarización.

*El control interno fortalecido es el pilar invisible que sostiene la eficiencia y la integridad de la empresa, crea una sinergia entre estandarización, supervisión y valores para protegerla y hacerla crecer.*

**El control interno nace en la estandarización.**
A primera vista, puede parecer que existe una contradicción entre dos de los conceptos que mencionamos en este libro: por un lado, afirmamos que el control interno nace junto con la empresa y, por otro lado, sostenemos que el control interno nace en la estandarización. Sin embargo, esta aparente contradicción no es más que un malentendido semántico. Ambos enunciados son correctos y complementarios, si los abordamos desde una perspectiva de la evolución del control interno a lo largo del ciclo de vida de la empresa. Para aclararlo, proponemos una secuencia de cuatro momentos del control interno, donde cada uno representa una etapa clave en su desarrollo.

1. *El control interno primitivo: el primer paso.* El primer momento del control interno se da en los albores de la empresa. En esta etapa inicial, el control interno surge de manera instintiva y se manifiesta en acciones básicas que garantizan la correcta operación del negocio. Cuando el fundador se asegura de que los productos que compra o vende cumplan con las cantidades y la calidad esperada, ya está ejerciendo un control interno, aunque no lo reconozca como tal. Este control interno primitivo es indispensable para que la empresa pueda arrancar, pero no está formalizado ni documentado. La flexibilidad es su característica principal, ya que el negocio aún está en constante evolución

y se adapta con facilidad a las necesidades cambiantes del entorno y del mercado.

2. *El control interno formal: estructuración y madurez.* A medida que la empresa crece, el control interno también se formaliza. En esta segunda etapa, el negocio ha alcanzado cierta estabilidad, y aunque los procesos continúan en evolución, los cambios ya no son tan abruptos como en la fase inicial. El control interno formal es reactivo y, generalmente, está alineado con el área de finanzas, donde el departamento de control interno realiza revisiones periódicas y sugiere mejoras. Sin embargo, la falta de independencia y de empoderamiento del departamento limita el impacto de estas mejoras. Aquí, el control interno sigue siendo un elemento necesario, pero no ha alcanzado su máximo potencial.
3. *La estandarización: la semilla del control interno fortalecido.* Es en esta tercera etapa donde se gesta el control interno fortalecido, y esto ocurre a través de la estandarización. La estandarización representa la transición de un control interno reactivo y dependiente a un control interno proactivo y fortalecido. Es la semilla que permite que el control interno crezca en eficiencia y alcance. La estandarización introduce uniformidad en los procesos, reduce las variaciones y establece parámetros claros para cada tarea o procedimiento. Esto crea una base sólida sobre la cual se pueden construir controles más robustos y efectivos.
4. *El control interno fortalecido: madurez, eficiencia y médula espinal de la empresa.* Finalmente, llegamos al control interno fortalecido, la cúspide del desarrollo. En esta cuarta etapa, los procesos estandarizados han madurado y el departamento de control interno ha ganado la independencia,

pues ahora le reporta al director general. En este nivel, el control interno no solo protege a la empresa, sino que también fomenta la eficiencia operativa, reduce desperdicios, optimiza recursos y, en última instancia, impulsa el éxito de la organización. La empresa, ahora equipada con un control interno proactivo, integrado y fortalecido, está lista para dar un salto cuántico en su rendimiento. En este punto, la empresa ha superado los sistemas ERP convencionales y ha evolucionado hacia ERP-BOIC, sistemas ERP basados en control interno operativo, un cambio que potencia la estructura y eficiencia operativa de la organización.

El control interno fortalecido actúa como la médula espinal de la empresa, ya que sostiene su estructura y la mantiene funcionando de manera coherente y eficaz. Al igual que la médula espinal en el cuerpo humano, que es esencial para la transmisión de señales y la coordinación de los movimientos, el control interno fortalecido es vital para coordinar y regular los procesos dentro de la organización. Sin él, la empresa perdería cohesión y dirección, ya que los controles no estarían integrados adecuadamente, y los procesos perderían su consistencia. En esta etapa, la empresa no está exenta de riesgos —recordemos que estos siempre estarán presentes y no olvidemos que el control interno es, por naturaleza, falible—; sin embargo, ha desarrollado una estructura sólida que le permite gestionarlos de forma más eficiente. Además, su alineación estratégica favorece la mejora continua, lo que maximiza su rendimiento y fortalece su sostenibilidad a largo plazo.

*La conexión con otros preceptos del control interno operativo*

Este proceso de evolución desde el control interno primitivo hasta el control interno fortalecido está estrechamente vinculado con varios de los preceptos que hemos desarrollado en este libro. Por ejemplo, el precepto «*La fortaleza del control interno va en proporción inversa a la dependencia del factor humano*» cobra especial relevancia en la etapa de estandarización, donde la formalización de los procesos reduce la necesidad de intervención manual y disminuye la probabilidad de errores humanos. Asimismo, el precepto «*El control interno es falible*» nos recuerda que, si bien la estandarización fortalece el control, siempre existirán áreas vulnerables que deben ser monitoreadas y mejoradas continuamente. De igual manera, el precepto «*El control interno se desmorona si deja de supervisarse*» subraya la importancia de un monitoreo constante, especialmente en las etapas más avanzadas del control interno, donde la complacencia puede ser un enemigo peligroso. La estandarización, aunque vital, no debe considerarse como un punto final, sino como una base sólida sobre la cual continuar construyendo un control interno dinámico y adaptativo.

El control interno nace con la empresa, pero es en la estandarización donde realmente comienza a fortalecerse. Los cuatro momentos del control interno —primitivo, formal, estandarizado y fortalecido— representan una evolución natural que toda empresa debe atravesar si desea maximizar la efectividad de sus controles y garantizar su éxito a largo plazo. No hay contradicción en afirmar que el control interno nace en dos puntos diferentes; más bien, estos puntos reflejan diferentes niveles de desarrollo dentro de un mismo proceso evolutivo.

*Síntomas del control interno primitivo y del control interno formal*

Es importante advertir que muchas empresas no logran superar las etapas del control interno primitivo o formal y se quedan estancadas en ellas. A menudo, estas organizaciones creen erróneamente que simplemente contar con políticas y procedimientos es suficiente para tener un control interno fortalecido. Sin embargo, esa percepción es engañosa. Hay ciertos síntomas claros que permiten identificar cuándo una empresa se encuentra atrapada en estas etapas y no ha avanzado hacia un control interno fortalecido.

*Falta de comunicación y participación en cambios operativos:* uno de los síntomas más evidentes del control interno primitivo o formal es la falta de participación del departamento de control interno en el monitoreo y gestión de los procesos clave. En estas empresas, el departamento de control interno suele ser el último en enterarse de los cambios que se han realizado en los procesos operativos. Esto significa que no hay una comunicación fluida y oportuna entre las distintas áreas de la empresa y el departamento encargado de protegerla. Cuando los procesos cambian sin la participación o conocimiento del departamento de control interno, se generan vacíos y debilidades que pueden ser explotadas por individuos malintencionados o simplemente por errores operativos que no son detectados a tiempo.

*Retraso en la detección de irregularidades:* un síntoma aún más preocupante, en las empresas que se encuentran en estas fases iniciales, es que el departamento de control interno suele ser también el último en conocer las consecuencias de un fraude o una irregularidad. Este retraso en la detección refleja un control interno débil, donde la supervisión reactiva es la norma. La empresa no solo falla en prevenir los riesgos, sino que también carece de los mecanismos necesarios para detectar y responder rápidamente a las amenazas que enfrentan sus procesos.

*Dependencia organizacional inadecuada:* otro síntoma característico de las empresas que permanecen en el control interno primitivo o formal es la estructura organizacional del propio departamento de control interno. En estos casos, el responsable del control interno depende del director de finanzas en lugar de reportar directamente al director general. Esta dependencia limita la autonomía del departamento de control interno, ya que lo coloca en una posición subordinada a una función operativa específica (finanzas), en lugar de darle la autoridad y el alcance necesarios para supervisar de manera integral todos los procesos de la organización. Esto refleja una falta de comprensión de la alta dirección sobre la importancia del control interno operativo y su papel central en la protección y eficiencia de la empresa.

*Ejecución de controles operativos por el departamento de control interno:* un síntoma adicional de las empresas atrapadas en las fases primitivas o formales es que el departamento de control interno se involucra en acciones que corresponden a la primera línea. En estas empresas, el departamento de control interno no se limita a su rol natural de segunda línea, sino que participa activamente en la ejecución de controles operativos, que deberían ser responsabilidad de las áreas directamente involucradas en las operaciones. Esta alteración de roles debilita la función del control interno, al comprometer su capacidad de supervisar y auditar los controles de manera independiente y objetiva. En lugar de ser un organismo que vigila y mejora los procesos, se convierte en un ejecutor, lo que hace que pierda su perspectiva crítica y estratégica. Cuando el departamento de control interno se encuentra bajo el mando del director de finanzas o participa en acciones de primera línea, se corre el riesgo de que su enfoque esté sesgado hacia el cumplimiento de objetivos financieros y de descuidar otras áreas igualmente críticas, como las operaciones, los recursos humanos o la tecnología. Esta estructura de reporte contribuye a perpetuar un control interno formal, donde las revisiones son periódicas y reactivas, en lugar de ser un proceso continuo, proactivo y estratégico.

Identificar estos síntomas es crucial para cualquier empresa que aspire a fortalecer su control interno. La permanencia en las fases primitivas o formales impide que la empresa logre el salto cuántico hacia un control interno fortalecido, integrado y estratégico, que verdaderamente impulse la eficiencia, el ahorro y la seguridad operacional.

*¿Qué le da vida al control interno fortalecido?*

La estandarización es el pilar fundamental sobre el que se construye un control interno efectivo. Sin ella, una empresa no puede aspirar a tener un control interno fortalecido, ya que carece de la base estructural que asegura que los procesos se ejecuten de manera uniforme, predecible y controlada. Sin embargo, el simple hecho de estandarizar procesos no garantiza que la empresa haya alcanzado un control interno fortalecido. La estandarización, por sí sola, es un paso necesario pero insuficiente.

Lo que realmente da vida al control interno fortalecido es un conjunto de elementos que actúan en armonía y superan la mera formalización de procesos. Estos elementos incluyen la integración de una supervisión efectiva, la adaptación proactiva a los riesgos, el compromiso ético de todos los niveles de la organización y la autonomía estratégica del departamento de control interno.

Uno de los preceptos clave es que el control interno es falible; por lo tanto, para reducir esta falibilidad, es necesario que las empresas establezcan un sistema de monitoreo continuo. No basta con tener políticas y procedimientos escritos; estos deben ser revisados constantemente para adaptarse a las nuevas realidades del entorno empresarial. Aquí es donde entra en juego el concepto de supervisión estratégica, un control interno fortalecido no es pasivo ni reactivo, sino activo y dinámico, capaz de evolucionar con la empresa y sus riesgos.

Otro aspecto vital es la independencia y el empoderamiento del departamento de control interno. Como ya se ha mencionado, cuando este departamento reporta directamente a la alta dirección, su función se eleva más allá de los intereses financieros y, alcanza toda la estructura de la empresa y garantiza que los controles operen de manera efectiva en cada área. Un control interno fortalecido va más allá de la simple detección y corrección de errores; se enfoca en la prevención de fallos mediante una supervisión proactiva, un análisis constante de los procesos y una investigación exhaustiva de las fallas hasta llegar a la causa raíz. La acción final, y quizás la más importante del departamento de control interno, es la propuesta de mejoras que refuercen los procesos y mitiguen los riesgos a largo plazo. Su poder no reside en la ejecución, sino en la solidez de sus recomendaciones, diseñadas para fortalecer la organización desde su núcleo.

Además, el control interno fortalecido también se alimenta de la cultura organizacional. Una cultura que promueva la ética, la legalidad, la equidad y la transparencia crea el entorno adecuado para que los controles internos prosperen. Las empresas que priorizan la justicia y la integridad en todas sus operaciones construyen un sistema más resistente, donde los empleados de todos los niveles entienden y valoran el control interno como una herramienta esencial para el éxito colectivo. Cuando las personas sienten que están siendo observadas y valoradas por su contribución al control interno, tienden a actuar de manera más diligente y con mayor responsabilidad.

Asimismo, el control interno fortalecido requiere una clara alineación de los objetivos empresariales con los controles internos. Los controles no deben ser vistos como barreras o trámites burocráticos que ralentizan las operaciones, sino como mecanismos que, bien implementados, mejoran la eficiencia, reducen los desperdicios y ayudan a optimizar los recursos. Esta alineación garantiza que los controles sean parte integral del éxito operativo y no simplemente una imposición reactiva ante auditorías o crisis.

El control interno fortalecido toma vida a partir de la unión de la estandarización, la supervisión estratégica, la independencia del departamento de control interno, la cultura ética y la alineación coherente entre los objetivos empresariales y los controles. Es la integración de estos factores lo que permite que el sistema de control deje de ser un conjunto de reglas estáticas y se convierta en la médula espinal de la empresa, lo cual impulsa su crecimiento y la protege contra los riesgos, errores y fraudes. Solo cuando estos elementos están en su lugar, el control interno puede verdaderamente fortalecerse y dar vida a una empresa resiliente, eficiente y ética.

## El desorden y la falta de estandarización son enemigos del control interno.

*El desorden y la falta de estandarización debilitan el control interno, generan inconsistencias que facilitan errores y comprometen la efectividad de los procesos organizacionales.*

**El desorden y la falta de estandarización son enemigos del control interno.**

El desorden puede manifestarse de varias maneras, como la falta de documentación, una documentación excesiva y desorganizada, procesos que no están definidos, roles y responsabilidades poco claros, documentación incompleta o incorrecta, y cambios que no están controlados. Estas situaciones debilitan el control interno al generar problemas como la dificultad para realizar auditorías debido a la falta de registros adecuados, lo que a su vez complica la detección de fraudes.

La falta de estandarización es el otro enemigo del control interno y se refiere a la ausencia de procedimientos, políticas y reglas uniformes y consistentes que guíen la ejecución de los procesos dentro de una organización. Cuando no existen estándares claros, cada área o persona puede realizar las mismas actividades de manera distinta, lo que genera inconsistencias, dificulta la medición y por ende la evaluación de los procesos y, aumenta el riesgo de errores y fallos en los controles.

Si las actividades con el mismo propósito se realizan de manera distinta, será difícil obtener resultados consistentes y evaluar su efectividad al no estar basadas en los mismos criterios. La medición, que ayuda a verificar el cumplimiento de los estándares, permite ajustar los controles según los resultados obtenidos. Sin criterios estandarizados y medibles, es difícil comparar los resultados entre sí o con los de otras empresas, razones que obstaculizan la mejora continua.

Figura 2.1. Fases de la optimización de los procesos en el control interno

La figura 2.1 ilustra las fases de optimización en la mejora continua de los procesos, basadas en el control interno y demuestra que no se puede dar un salto cuántico del desorden a la automatización. Cada fase aporta información y resultados que son la base para las siguientes.

*Ordenar:* inicia con la organización de los recursos, tareas y responsabilidades, luego les asigna su lugar y momento adecuados en el proceso. Esto genera una estructura inicial que facilita la implementación de las fases y controles posteriores.

*Estandarizar:* se crean políticas y procedimientos uniformes para asegurar que las actividades se ejecuten de forma consistente. La estandarización reduce la variabilidad y sienta las bases para un control efectivo.

*Medir*: esta fase evalúa el desempeño del proceso y la efectividad de los controles implementados, y recoge datos cuantitativos y cualitativos. Medir no solo implica observar indicadores clave, sino también analizar tendencias, patrones y desviaciones que revelen oportunidades de mejora o áreas de riesgo. La medición proporciona la base objetiva para todas las decisiones de mejora y permite validar si los estándares establecidos se cumplen en la práctica.

*Errores comunes al medir:*

- *Creer que el proceso es perfecto:* asumir que no hay nada más que mejorar porque las métricas son positivas. El control interno es falible y siempre debe evolucionar para enfrentar nuevos desafíos.
- *Ignorar las mediciones:* recolectar datos sin analizarlos ni utilizarlos para la toma de decisiones. Esto equivale a un esfuerzo desperdiciado que impide el progreso del proceso.

*Comparar*: los datos obtenidos en la fase de medición se contrastan con los estándares internos y los *benchmarks* externos relevantes. Este análisis comparativo permite identificar brechas en el desempeño, riesgos latentes y oportunidades de mejora. Comparar ayuda a entender no solo cómo se ejecuta el proceso en relación con las metas internas, sino también cómo se posiciona frente a las buenas prácticas.

*Beneficios clave de la comparación:*

- Detectar desviaciones entre lo esperado y lo real.
- Identificar prácticas líderes que pueden adaptarse al contexto organizacional.
- Establecer metas más ambiciosas y desafiantes para el proceso.

*Controlar*: una vez que el proceso ha sido ordenado, estandarizado, medido y comparado, se diseñan e implementan controles internos específicos. Estos controles mantienen el proceso alineado con los estándares y objetivos establecidos, protegen el proceso contra desviaciones y minimizan los riesgos. La fase de controlar asegura que los ajustes realizados previamente sean sostenibles y que el proceso funcione dentro de los parámetros definidos.

*Aspectos clave al controlar:*

- Diseñar controles efectivos basados en datos confiables de medición y comparación.
- Monitorear continuamente la efectividad de los controles para adaptarlos según cambien las condiciones del entorno.
- Promover un ambiente en el que los controles sean entendidos y respetados por todos los involucrados.

*Mejorar:* basados en las comparaciones y mediciones, se realizan ajustes que optimizan el proceso, aumentan la eficiencia, reducen los riesgos y mejoran la calidad.

*Automatizar:* después de optimizar el proceso, se automatizan las actividades repetitivas y efectivas, con el fin de reducir la dependencia del factor humano y aumentar la consistencia y eficiencia.

*Error en la automatización*

Automatizar un proceso desordenado es un error frecuente, pues solo debe considerarse una vez que el proceso ha sido organizado, estandarizado, controlado y optimizado. De lo contrario, se corre el riesgo de automatizar el desorden. La falta de estandarización es también un obstáculo para la automatización, ya que no es posible automatizar acciones que varían constantemente. Además, ¿qué sentido tendría invertir en automatizar un proceso que, en su forma actual, es contrario al control interno?

*Cómo se puede combatir el desorden y la falta de estandarización*

Para combatir el desorden y la falta de estandarización, es esencial primero ordenar los recursos, tareas y responsabilidades, y asignarles su lugar y momento adecuados en el proceso. Este orden inicial facilita la implementación de las fases y controles posteriores. Una vez establecido el orden, la empresa debe avanzar hacia la estandarización, y crear políticas y procedimientos uniformes que aseguren una ejecución consistente de las actividades. Esto no solo reduce la variabilidad en los procesos, sino que también sienta las bases para un control efectivo. Además, es fundamental capacitar a todos los empleados y establecer un programa continuo de formación que les permita mantenerse actualizados sobre estas políticas. Solo después de haber alcanzado el orden y la estandarización, y tras haber madurado los procesos, se podrá evaluar la posibilidad de la automatización como una fase final del control interno.

**Un ejemplo de fracaso: la falta de estandarización.**

Una empresa dedicada a la fabricación y distribución de colchones a nivel nacional tiene ocho centros de distribución estratégicamente ubicados para cubrir la demanda de sus clientes mayoristas. Cada centro de distribución sigue un proceso riguroso y bien documentado para la entrada de mercancía proveniente de la fábrica. El procedimiento establece que, antes de registrar la entrada de cualquier producto en el sistema, los encargados del almacén deben realizar un conteo físico y una verificación técnica del producto para asegurarse de que coincide con lo solicitado en términos de cantidad y especificaciones técnicas.

El problema surgió en uno de los centros de distribución ubicado en el norte del país. Este centro enfrentaba una situación crítica de inventario: se habían agotado los colchones de un modelo popular, lo que afectaba las ventas, ya que el sistema de la empresa impide realizar ventas si no hay stock disponible. Justo cuando llegó un nuevo envío de la fábrica, un cliente mayorista importante realizó un pedido urgente que el centro no podía satisfacer debido a la falta de colchones en inventario.

Ante esta presión, y para no perder la venta, el encargado del almacén tomó la decisión de omitir los pasos de conteo y verificación del producto que normalmente deben realizarse antes de registrar cualquier entrada. En lugar de seguir el proceso estandarizado, se registró la entrada del producto en el sistema de manera urgente, sin realizar las verificaciones pertinentes, y se autorizó la venta al mayorista. El sistema, al detectar el ingreso de colchones, permitió completar la venta.

*Consecuencias del salto en el proceso estandarizado*
Al día siguiente, cuando finalmente se realizó el conteo físico y la verificación del producto, se descubrió que los colchones recibidos no cumplían con las especificaciones técnicas solicitadas. No solo eran de un modelo diferente al pedido original, sino que también tenían defectos que los hacían inadecuados para la venta bajo los estándares de calidad de la empresa. Sin embargo, para ese momento, parte de los colchones ya se había vendido y entregado al cliente mayorista.

Las consecuencias para la empresa fueron múltiples:

- *Daño a la relación con el cliente mayorista:* al recibir un producto incorrecto y de menor calidad, el cliente mayorista presentó una queja formal, ya que había confiado en la calidad constante de los productos de la empresa. Este error afectó la reputación de la empresa, lo que generó una pérdida de confianza y la cancelación de futuros pedidos. En un mercado altamente competitivo, la insatisfacción de los clientes mayoristas podría llevarlos a buscar otros proveedores.
- *Costos adicionales por devoluciones:* como los productos no cumplían con las especificaciones, el cliente exigió una devolución del pedido. Esto no solo implicó el reembolso del dinero al cliente, sino también los costos logísticos asociados a la recolección de los productos defectuosos y su retorno al centro de distribución. Además, la organización tuvo que absorber el costo de volver a enviar los productos correctos.
- *Pérdida financiera directa:* debido a que el sistema había registrado la venta basada en un inventario incorrecto, se generaron pérdidas económicas. La empresa no solo perdió la oportunidad de vender el producto correcto, sino

que también incurrió en pérdidas al intentar corregir el error. Los colchones defectuosos tuvieron que ser reetiquetados como productos de segunda calidad, lo que redujo significativamente su valor en el mercado.

- *Impacto en el control de inventario:* al saltarse el proceso de verificación, el inventario registrado en el sistema no reflejaba la realidad. Esto provocó una distorsión en los reportes de inventario, lo que afectó las proyecciones de ventas y dificultó la planificación de la producción. La empresa ahora tenía colchones incorrectamente registrados y generaba confusión en las siguientes operaciones.
- *Retrasos en la cadena de suministro:* para corregir la situación, el centro de distribución tuvo que esperar un nuevo envío desde la fábrica con los colchones correctos. Este retraso en la reposición del stock afectó la capacidad de la empresa para cumplir con otros pedidos, lo que a su vez generó más insatisfacción en la cartera de clientes mayoristas.
- *Desconfianza en el proceso interno:* la decisión de omitir un paso crucial del proceso dañó la confianza en los procedimientos de control interno. Los empleados comenzaron a cuestionar si era necesario seguir los pasos estrictos del procedimiento cuando el sistema parecía flexible en situaciones de urgencia. Esto puso en riesgo la estandarización de otros procesos y abrió la puerta a futuras excepciones que podrían tener consecuencias igualmente graves.
- *Deterioro de la cultura organizacional:* la empresa siempre había promovido una cultura de rigurosidad y cumplimiento de los procesos. Sin embargo, al permitir una excepción en el proceso estandarizado, se creó un precedente negativo que podría motivar a otros centros de distribución a seguir su propio criterio ante presiones operativas. Esto

diluye el principio de la estandarización y abre la puerta a la desorganización.

A pesar de que la empresa tenía los procesos documentados y rigurosos, una simple omisión al proceso, en una de sus transacciones, trajo consecuencias graves. Saltarse los pasos de verificación y conteo, aunque pudo parecer una solución rápida en esa situación urgente, debilitó la efectividad del control interno y expuso a la empresa a riesgos operativos, financieros y reputacionales. La estandarización de los procesos no solo es una garantía de orden, sino una protección esencial contra este tipo de fallos.

## La estandarización es amiga de la administración y, por ende, del control interno.

*La estandarización es el cimiento del control interno, pero su verdadera fortaleza proviene del monitoreo constante, la mejora continua y el compromiso de la alta dirección con la ética y la transparencia.*

**La estandarización es amiga de la administración y, por ende, del control interno.**

La estandarización es el cimiento sobre el cual se construye un control interno operativo eficaz. Cuando una empresa no está estandarizada, sus acciones no avanzan hacia una meta definida. En lugar de progresar, los pasos que da se dispersan en diferentes direcciones, lo que genera ineficiencias y confusiones. En cambio, cuando una empresa estandariza todos sus procesos, cada paso la aproxima más a su objetivo.

A pesar de los beneficios evidentes, lograr una estandarización es un reto considerable. Se requiere una gran capacidad para diseñar procesos que sean aplicables en diversos escenarios y que a la vez mantengan su efectividad. Este desafío se intensifica cuando se consideran las diferencias en tamaño y estructura entre distintas áreas o sucursales de la empresa.

*Un caso de ejemplo*

Pensemos en una empresa que tiene tres tiendas de diferente tamaño: una grande con 14 empleados, una mediana con 8, y una pequeña con 5. A primera vista, parecería imposible que estas tres tiendas funcionen exactamente igual debido a las diferencias en personal y volumen de operaciones. Sin embargo, la estandarización no implica uniformidad rígida en cuanto a recursos, sino uniformidad en la ejecución de los procesos clave.

La entrada de mercancía, por ejemplo, debe realizarse de la misma manera en las tres tiendas, independientemente de su tamaño. El proceso de venta, la atención al cliente y los registros contables deben seguir un mismo patrón estandarizado, adaptado proporcionalmente a la capacidad de cada tienda. El desafío consiste en crear un procedimiento único que responda a las necesidades de todas las sucursales, pero que también garantice una adecuada segregación de funciones, mayor eficacia operativa, y una reducción significativa de desperdicios.

*¿Es posible la estandarización?*

La respuesta definitiva es sí. Aunque puedan surgir dudas debido a las diferencias operativas, la estandarización no solo es posible, sino necesaria. El proceso para lograrlo requiere de un análisis exhaustivo de las operaciones actuales en cada tienda, y la posterior construcción de un proceso estandarizado que considere las particularidades de cada una.

Este trabajo exige una combinación de habilidades: inteligencia en el diseño de procesos, conocimiento profundo del control interno operativo, y experiencia en la implementación de prácticas estandarizadas. Aquellos que logran diseñar y establecer estos procedimientos son verdaderos *«ingenieros en la construcción de procesos»*. Son ellos quienes edifican el puente entre la diversidad operativa y la eficiencia de una empresa estandarizada, son quienes ayudan a fortalecer tanto la administración como el control interno.

**Un ejemplo de éxito: estandarización aplicada en todo el planeta.** Un caso emblemático de éxito en la estandarización de procesos lo ofrece una franquicia de restaurantes presente en todo el mundo. Esta franquicia ha logrado preparar una hamburguesa en tan solo ocho minutos, sin importar en qué parte del planeta se encuentre el restaurante. Este logro es posible gracias a la estandarización de sus procedimientos operativos.

Aunque las hamburguesas en diferentes países pueden contener ingredientes variados—dependiendo de las preferencias locales o las normativas de cada región—el proceso para prepararlas es siempre el mismo. A pesar de que los ingredientes cambian y los tiempos de cocción pueden ajustarse según el tipo de carne o las regulaciones sanitarias, la estandarización ha permitido que la producción de alimentos sea consistente en todos los restaurantes de la franquicia.

Este caso destaca el poder de la estandarización: unificar procesos sin importar las variaciones locales, lo que trae consigo múltiples beneficios. Gracias a este proceso estandarizado, la franquicia ha conseguido reducir costos, minimizar desperdicios, facilitar la capacitación de empleados, incrementar la eficiencia operativa, mantener altos estándares de limpieza y asegurar un control constante en todas sus operaciones.

El éxito de esta franquicia no se debe únicamente a la uniformidad de su producto, sino a la inteligencia con la que se construyeron sus procesos. Las personas que diseñaron estos procedimientos, a quienes podemos llamar *«ingenieros en la construcción de procesos»*, lograron encontrar el equilibrio perfecto entre flexibilidad y consistencia. Este tipo de inteligencia es fundamental para implementar una estandarización que sea eficiente y adaptable a la vez.

Sin embargo, es importante destacar la verdadera clave del éxito de esta franquicia: la convicción inquebrantable de su fundador en los beneficios de la estandarización. Esta idea, profundamente arraigada en su visión empresarial, fue lo que impulsó a todos los empleados a seguir los procedimientos estandarizados sin desviaciones. No había espacio para improvisaciones ni excepciones, porque el éxito dependía de la uniformidad en la operación, y esa convicción fue transmitida de manera clara y firme a toda la organización.

Este modelo ha servido de inspiración para muchas otras franquicias que han intentado replicar su éxito, pero no todas han logrado los mismos resultados. Nos atrevemos a afirmar que la diferencia radica en el compromiso. Aquellos dueños que no comprenden a fondo la importancia de la estandarización, o que no la sienten como parte esencial de su filosofía empresarial, fracasan al implementar los procesos necesarios. Para alcanzar el nivel de excelencia que esta franquicia ha logrado, no basta con aplicar las técnicas: es necesario llevar la estandarización en el corazón y estar completamente comprometido con su ejecución en cada detalle.

*Síntomas del control interno primitivo y del control interno formal*

Muchas empresas están estancadas en lo que se podría llamar un *«control interno primitivo» o un «control interno formal»*. Estas organizaciones suelen creer erróneamente que simplemente por contar con políticas y procedimientos escritos, ya han logrado un control interno robusto. Sin embargo, uno de los síntomas más claros de esas empresas débiles es precisamente la falta de estandarización.

El desorden y la falta de consistencia en los procesos son indicadores clave de un control interno débil. En estas empresas, las operaciones varían de un área a otra o de una sucursal a otra, lo que genera confusión y abre la puerta a ineficiencias y errores. La variabilidad de las operaciones es una señal de que la empresa no ha avanzado hacia un control interno moderno, donde la homogeneidad de los procesos asegura que las actividades se realicen correctamente, sin importar dónde o quién las ejecute.

Otro síntoma común en esas empresas débiles es que el área de control interno es la última en enterarse de los cambios en los procesos. En lugar de participar activamente en la adaptación y mejora continua de estos procesos, el control interno se ve relegado a un papel reactivo, pues se limita a corregir problemas después de que han surgido. Peor aún, en muchos casos, esta área es la última en descubrir los daños ocasionados por un fraude, lo cual evidencia una falta de integración en las operaciones diarias y una débil supervisión.

Un tercer síntoma, y quizás uno de los más críticos, es que el responsable del departamento de control interno depende del director de finanzas, en lugar de reportar directamente al director general. Este hecho subraya la falta de comprensión sobre la verdadera importancia del control interno operativo, que debe ser una función independiente y transversal dentro de la empresa, y no una subordinada a un área en particular. Cuando el control interno no tiene la autonomía necesaria ni un nivel adecuado de autoridad, su capacidad de influir positivamente en la empresa se ve seriamente comprometida.

La falta de estandarización, el aislamiento del área de control interno y su dependencia de una dirección no adecuada, son claros síntomas de un control interno primitivo. Estos problemas frenan el avance de la empresa hacia una mayor eficiencia y un control más efectivo. Para evolucionar, es fundamental que las organizaciones comprendan que la estandarización no solo es amiga de la administración, sino que es un pilar esencial para un control interno moderno, sólido y proactivo.

*¿Qué le da vida al control interno fortalecido?*

Si una empresa no está estandarizada, es prácticamente imposible que cuente con un control interno fortalecido. La estandarización es el fundamento, el pilar sobre el cual se construye un sistema de control interno robusto. Sin ella, los procesos son inconsistentes, las acciones varían de un lugar a otro, y el desorden se convierte en un obstáculo para la eficacia. Sin embargo, aunque la estandarización es crucial, no es suficiente por sí sola para dar vida a un control interno fortalecido.

El hecho de que una empresa haya logrado estandarizar sus procesos no garantiza que su control interno sea fuerte. La estandarización, aunque necesaria, es solo el cimiento. Lo que realmente le da vida a un control interno fortalecido es el monitoreo continuo, la supervisión activa y la mejora constante.

Un control interno estandarizado y bien estructurado necesita ser vigilado constantemente para asegurar que las reglas establecidas se estén cumpliendo en todo momento. Además, debe haber una cultura de revisión y ajuste, donde se identifiquen oportunidades de mejora y se corrijan desviaciones. Este ciclo de monitoreo y mejora es lo que verdaderamente da vida al control interno, pues asegura que se cumplan los procedimientos, que se adapten y que mejoren a lo largo del tiempo.

Otro elemento vital es el compromiso de la alta dirección. El control interno fortalecido debe ser impulsado desde la cúpula de la empresa. La dirección general debe estar involucrada y comprometida con el control, y para ello debe otorgarle el peso y la importancia que merece. Este compromiso asegura que el control interno sea visto como un sistema vivo, capaz de evolucionar y adaptarse para enfrentar nuevos riesgos y desafíos.

Finalmente, el control interno fortalecido necesita estar basado en una cultura organizacional que promueva la ética, la transparencia y la rendición de cuentas. Sin estos valores fundamentales, cualquier intento de estandarización o supervisión carecerá de verdadero impacto. Es la combinación de una estructura bien definida, un monitoreo constante y una cultura ética lo que realmente le da vida a un control interno fortalecido.

## No se puede controlar lo que no se mide.

*Los números gritan, y cuando los escuchamos con claridad, descubrimos que el control efectivo depende de mediciones precisas; sin ellas, las decisiones son meras conjeturas y el proceso, un caos.*

**No se puede controlar lo que no se mide.**
Este precepto subraya la importancia de contar con datos y métricas claras para gestionar y mejorar cualquier proceso dentro de una organización. En este contexto, el *«ingeniero en la construcción de procesos»* debe enfocarse en gestionar los riesgos que

afectan los procesos, optimizar su eficiencia y, desde la perspectiva del control interno, fortalecerlos. También tiene la responsabilidad de asegurar que cada proceso esté diseñado para registrar los datos clave en el momento oportuno, los cuales serán esenciales para posteriores análisis de rendimiento. Sin un registro adecuado de estos datos, cualquier intento de controlar o mejorar un proceso se ve seriamente limitado.

El control interno debe basarse en datos objetivos y medibles. Sin mediciones claras, el control pierde su eficacia y se convierte en una acción arbitraria, sin base ni resultados tangibles. Por ejemplo, un proceso que carece de indicadores de rendimiento o métricas claras es muy difícil de evaluar y aún más difícil de mejorar. Si no se tiene una visión precisa de lo que está funcionando mal, no se podrán implementar acciones correctivas efectivas.

Las métricas son fundamentales, ya que permiten a los responsables del control interno identificar desvíos respecto a los estándares establecidos en tiempo real. Sin mediciones adecuadas, las decisiones se basan en suposiciones, no en hechos tangibles. Por ejemplo, si un área tiene un indicador de eficiencia, como el tiempo promedio de respuesta a un cliente, se podrán tomar decisiones informadas para reducir esos tiempos y así mejorar la eficiencia. En cambio, sin esos datos, es imposible saber si la eficiencia está mejorando o si se necesita tomar alguna acción correctiva.

No todo se puede medir, y lo que se mide no siempre es relevante. Por ello, es esencial definir indicadores clave de desempeño (*KPI*) que sean representativos de los procesos críticos de la organización. Los KPI deben ser específicos, alcanzables, relevantes y medidos dentro de un período definido y regular. Medir algo que no tiene impacto directo en el control de los procesos es inútil, por lo que es necesario seleccionar los datos que realmente aporten valor al control y que mejoren la operación.

Una vez que se miden los procesos, esos datos proporcionan una retroalimentación continua. Este ciclo de medición y retroalimentación permite ajustar y mejorar los procesos de manera constante. En la gestión de riesgos, por ejemplo, si no se tiene una medición clara de la exposición o de la probabilidad de que un riesgo ocurra, no se podrán tomar decisiones adecuadas para mitigarlos.

La medición manual puede ser imprecisa, costosa y poco práctica. La automatización, por el contrario, permite realizar mediciones de manera más efectiva y consistente. Los sistemas automatizados permiten medir continuamente los procesos, capturan datos precisos para análisis más rápidos y toman decisiones más informadas.

Las empresas corren el riesgo de omitir mediciones clave, lo que puede llevar a fallos inesperados, a la incapacidad de detectar áreas críticas que requieren intervención, o a tomar decisiones basadas en suposiciones erróneas sobre el rendimiento. El control sin medición es como intentar dirigir un barco sin un timón o sin brújula: por más que se intente, no se sabrá hacia dónde se va ni cómo llegar.

La medición proporciona la dirección, permite la corrección del rumbo y asegura que el control interno sea efectivo. Solo con datos claros y métricas bien definidas se puede tener una visión precisa del desempeño de los procesos y tomar las decisiones adecuadas para optimizarlos, fortalecer el control y reducir los riesgos inherentes.

**Un ejemplo de fracaso: una cadena de tiendas de conveniencia.** Una cadena de tiendas de conveniencia que, en su afán por mantener una operación ágil y sin interrupciones, decide no implementar un sistema robusto para medir y controlar su inventario en tiempo real. Inicialmente, confiaron en un sistema manual de auditorías periódicas y en reportes semanales de los responsables de cada tienda. Sin embargo, no se midió de forma continua ni precisa el movimiento de mercancías, y mucho menos se establecieron indicadores de rendimiento claros para detectar desviaciones en los niveles de inventario.

A medida que la empresa crecía y ampliaba sus operaciones, comenzaron a surgir problemas: las tiendas presentaban una gran cantidad de productos fuera de stock, mientras que otras tenían exceso de inventario que no se estaba vendiendo. En ciertos casos, incluso los productos más vendidos no eran reabastecidos a tiempo, todo ello afectaba las ventas y la satisfacción del cliente. Sin una medición precisa del inventario y la rotación de productos, la compañía no pudo identificar los desvíos hasta que los impactos ya eran evidentes en los resultados financieros.

La falta de mediciones oportunas y claras impidió que la empresa tomara decisiones informadas para corregir estos problemas. No tenían métricas específicas para conocer, por ejemplo, el tiempo promedio de reposición de inventarios, el porcentaje de productos vendidos versus el almacenado, o el impacto de estos desvíos en las ganancias.

Al final, la empresa sufrió pérdidas significativas en sus ventas, y la lealtad de los clientes se vio afectada. Solo cuando se implementó un sistema automatizado de gestión de inventarios, con mediciones en tiempo real y *KPI* bien definidos, pudieron recuperar el control. Esto les permitió optimizar los niveles de inventario, reducir el desabasto y mejorar la eficiencia operativa.

Este caso ilustra cómo la falta de medición precisa y continua de los procesos puede llevar a fallos críticos en la gestión operativa. Sin datos claros, las decisiones se basan en suposiciones, y el control interno se vuelve ineficaz. Implementar un sistema que registre y mida todos los aspectos relevantes del proceso es esencial para asegurar que los riesgos sean gestionados y que las operaciones sean lo más eficientes posible.

## El control interno se basa en métodos bien definidos y documentados, no en las acciones individuales, sin importar qué tan buenas sean las intenciones.

*El control interno efectivo se fundamenta en procedimientos documentados y estandarizados, lo que genera una cultura de responsabilidad y empoderamiento en los empleados sin sacrificar su autonomía.*

**El control interno se basa en métodos bien definidos y documentados, no en las acciones individuales, sin importar qué tan buenas sean las intenciones.**
El control interno es un sistema estructurado que busca salvaguardar los activos de la empresa, garantizar la exactitud de la información financiera y, fomentar la eficiencia y eficacia operativa. Para lograr estos objetivos, es fundamental que los métodos y procedimientos sean bien definidos y documentados. Esto asegura que cada acción dentro del proceso esté alineada con los objetivos estratégicos de la organización y proporcione un marco claro para la toma de decisiones. Si el control interno permite que las acciones individuales prevalezcan sobre los métodos establecidos, por bien intencionadas que sean, se vuelve inconsistente y vulnerable a errores, lo que puede generar resultados impredecibles y fallas en el sistema. Además, se compromete la capacidad de conservar evidencias que permitan reconstruir con precisión lo ocurrido, lo que debilita aún más el control y la trazabilidad del proceso.

La falta de documentación y estandarización en los procedimientos puede crear un ambiente donde las decisiones se tomen de forma arbitraria, lo que deja espacio para la interpretación y la subjetividad. Esto no solo aumenta el riesgo de incumplimiento normativo, sino que también puede resultar en la pérdida de confianza por parte de los interesados, como empleados, clientes y socios comerciales. En cambio, al establecer métodos claros y documentados, las organizaciones pueden promover una cultura de responsabilidad y transparencia. Cada miembro del equipo sabe exactamente qué se espera de ellos y cómo deben actuar en situaciones específicas, lo que fortalece el control interno y permite a la empresa operar de manera más eficiente y efectiva.

Por lo tanto, el precepto de que *«el control interno se basa en métodos bien definidos y documentados»* subraya la importancia de sistematizar los procesos, en lugar de depender de la buena voluntad de las personas. Esto no solo protege a la organización de posibles riesgos, sino que también crea un ambiente de trabajo más claro, donde todos los empleados se sienten seguros de seguir las directrices establecidas, contribuyendo así al éxito general de la empresa.

*¿El control interno hace que se pierda la libertad del empleado?*

La implementación de un control interno sólido no implica una restricción de la libertad del empleado, sino más bien una estructura que les permite actuar con confianza y seguridad. La idea errónea de que los controles operativos limitan la autonomía del personal puede surgir del miedo a la supervisión o la desconfianza en la capacidad de los empleados para cumplir con sus responsabilidades. Sin embargo, los controles internos bien diseñados están destinados a facilitar un entorno de trabajo donde los empleados saben exactamente qué se espera de ellos y cómo pueden contribuir al éxito de la organización.

Lejos de restringir la libertad, un sistema de control interno proporciona a los empleados las herramientas necesarias para tomar decisiones informadas. Al contar con procedimientos claros y documentados, los empleados pueden desempeñar sus funciones con mayor autonomía, con la certeza de que sus acciones están alineadas con las políticas y objetivos de la empresa. Además, este sistema de control permite a los empleados participar activamente en la identificación de riesgos y en la mejora de los procesos, lo que promueve una cultura de colaboración y responsabilidad compartida.

Por lo tanto, el control interno no solo protege a la empresa, sino que también empodera a los empleados al darles un marco que respalda su capacidad de acción. En lugar de ver los controles como un obstáculo, es fundamental comprender que son un apoyo para la toma de decisiones informada y efectiva, lo que, en última instancia, contribuye a un ambiente laboral más saludable y productivo.

*Aquí un ejemplo de buenas intenciones*

Imaginemos una situación en una empresa donde existe un proceso estructurado que consta de cinco pasos. Un empleado que participa en el paso dos se da cuenta de que este paso no es tan eficiente como debería. Motivado por su deseo de mejorar, decide realizar modificaciones por su cuenta para optimizar ese paso. Aunque sus intenciones son buenas y buscan el bienestar del proceso, desde la perspectiva del control interno, esta acción es problemática.

El control interno se basa en la estandarización y la documentación de procedimientos para asegurar que todos los empleados actúen de manera consistente y alineada con los objetivos de la organización. En este caso, el empleado, al hacer cambios en el proceso sin consultar a los responsables, no solo se desvía de los protocolos establecidos, sino que también pone en riesgo la integridad del sistema. La modificación no evaluada podría generar inconsistencias, confusiones o incluso errores en las etapas posteriores del proceso, lo que afectaría la calidad del trabajo final y la confianza en el sistema.

Lo adecuado en esta situación sería que el empleado sugiriera su mejora a los responsables del proceso. Una vez que se analice, evalúe y apruebe la propuesta, se podría implementar formalmente la mejora. De esta forma, no solo se beneficiaría el empleado en cuestión, sino que todos los que participan en ese paso dos contarían con un proceso optimizado y validado. Así, se asegura que las intenciones de mejora se canalicen adecuadamente, lo que fortalece el control interno y promueve una cultura de mejora continua en la organización.

El control interno fortalecido se distingue por su capacidad para escuchar las propuestas de los empleados, evaluarlas rigurosamente y, si proceden, implementarlas de manera ordenada y documentada. Esto contrasta con un control interno primitivo o formal, donde tales mecanismos de retroalimentación no existen o son deficientes, lo que puede llevar al empleado a sentirse frustrado y tomar decisiones por su cuenta, y modificar los procesos sin la debida revisión.

## Por el impacto operativo y organizacional

### El control interno operativo sienta sus bases en la operación nunca en el análisis financiero.

*El control interno operativo debe basarse en la ejecución eficiente de los procesos, no en el análisis financiero, para garantizar la calidad, la seguridad y la sostenibilidad a largo plazo.*

**El control interno operativo sienta sus bases en la operación nunca en el análisis financiero.**
En el control interno operativo, la prioridad está en la ejecución de los procesos, en garantizar que las actividades diarias se realicen de manera eficiente, conforme a los estándares establecidos, y alineadas con los objetivos operacionales de la empresa. A diferencia del enfoque tradicional del control financiero, que se centra en el cumplimiento de normativas contables y la evaluación del desempeño económico, el control interno operativo se fundamenta en los procesos que componen la operación misma, desde la producción hasta la entrega de productos o servicios. Aquí, el foco está en cómo se ejecutan las tareas y no en el resultado financiero que puedan generar de manera inmediata.

El análisis financiero es, sin duda, una herramienta útil dentro del control interno operativo, ya que permite identificar áreas donde los recursos pueden ser redistribuidos o donde existen ineficiencias que afectan los costos. Sin embargo, este análisis es un complemento y no el pilar fundamental. Como bien se menciona: «*el control interno operativo utiliza el análisis financiero para enfocar sus recursos a procesos específicos, pero el análisis financiero no es la base»*. Esto significa que la solidez del control interno operativo se construye al observar la operación en tiempo real, identificar los riesgos y puntos débiles en las actividades diarias, y proponer mejoras que fortalezcan el sistema sin depender exclusivamente de los números financieros.

El peligro de fundamentar el control interno en el análisis financiero es que se corre el riesgo de dejar de lado aspectos cruciales del día a día operativo que no se reflejan directamente en las cifras, pero que pueden tener un impacto significativo a largo plazo. Un control interno efectivo surge de la interacción con los procesos, de la supervisión constante y del ajuste continuo en la operación, lo que garantiza que la empresa funcione no solo de manera rentable, sino también con un enfoque robusto en la calidad y el cumplimiento de las tareas.

*Limitaciones del control financiero en la eficacia operativa*

En algunos casos, un enfoque centrado únicamente en el control financiero puede ser ciego ante ciertos aspectos críticos de la operación que, aunque no tengan un impacto económico inmediato, pueden tener graves consecuencias a largo plazo. A continuación, se muestran algunos ejemplos en los que el control financiero no considera estas implicaciones.

- *Calidad de los procesos de producción:* un enfoque financiero podría ignorar problemas de calidad en el proceso de producción si estos no generan pérdidas visibles a corto plazo. Sin embargo, mantener estándares de calidad altos es esencial para la satisfacción del cliente y la lealtad a la marca, y un control interno operativo debe asegurar que los procesos se ejecuten con precisión y consistencia.
- *Cumplimiento de regulaciones y normativas de seguridad:* los costos relacionados con la seguridad laboral podrían

verse como un gasto elevado sin una ganancia inmediata en términos de rentabilidad. Sin embargo, el incumplimiento a las normativas puede resultar en accidentes, multas e incluso en el cierre de operaciones. Un control enfocado en la operación supervisa que se respeten todos los estándares de seguridad, para prevenir riesgos mayores a largo plazo.

- *Capacitación y desarrollo del personal:* desde un punto de vista financiero, la capacitación del personal puede percibirse como un gasto y no como una inversión. Sin embargo, la falta de capacitación puede llevar a errores frecuentes, baja eficiencia y una alta rotación de empleados, lo que afecta negativamente la operación a lo largo del tiempo. El control interno operativo debe considerar la capacitación como un elemento esencial para mantener la eficiencia en los procesos.
- *Mantenimiento preventivo de equipos:* los costos de mantenimiento preventivo pueden considerarse elevados desde un análisis financiero, que podría sugerir aplazarlos para mejorar los resultados de corto plazo. Sin embargo, ignorar el mantenimiento puede llevar a fallos de maquinaria y paros en la producción, lo cual es mucho más costoso y puede afectar seriamente la continuidad de la operación.
- *Gestión de relaciones con proveedores críticos:* enfoques financieros estrictos podrían priorizar la negociación de costos bajos con proveedores sin tomar en cuenta factores como la confiabilidad o la flexibilidad en situaciones de alta demanda. Carecer de relaciones sólidas con proveedores críticos podría afectar el abastecimiento, lo que resultaría en retrasos y afectaría la cadena de suministro, además de comprometer la capacidad operativa de la empresa a largo plazo.

**Un caso de fracaso: reducción drástica de costos**

Una empresa de manufactura de dispositivos electrónicos, especialista en celulares y tabletas, cuenta con 3,500 empleados y genera ingresos anuales por 120 millones de euros, en un intento por optimizar sus resultados financieros inmediatos, decidió implementar un enfoque de control centrado principalmente en el análisis financiero. Su objetivo era reducir costos de manera drástica y se basó en los márgenes de beneficio y minimizó los gastos operativos, como los de capacitación, mantenimiento y seguridad, los cuales no generaban un impacto inmediato en las cifras de resultados.

*Las causas de su fracaso fueron las siguientes:*

- *Enfoque exclusivo en el control financiero:* la alta dirección priorizó la mejora de márgenes y realizó recortes significativos en áreas clave de la operación. Se redujo el presupuesto para la capacitación de los empleados, se postergaron las reparaciones y el mantenimiento preventivo de los equipos, y se minimizó la inversión en la seguridad laboral.
- *Negligencia en la supervisión operativa:* la alta dirección delegó el control de los procesos operativos a los supervisores, pero sin un enfoque adecuado en la mejora continua. No se implementaron mecanismos adecuados para supervisar la ejecución de los procesos, como el control de calidad de producción, la evaluación de riesgos laborales, ni el seguimiento de la eficiencia en la cadena de suministro.
- *Falta de una cultura de control en la operación:* a pesar de los esfuerzos por controlar los costos financieros, la empresa carecía de una estrategia de control interno

operativo efectiva. Esto implicaba que los riesgos inherentes al proceso de producción, como fallos de maquinaria o problemas de calidad en los productos, no se identificaban a tiempo.

- *Confiar demasiado en los números:* la alta dirección se enfocó excesivamente en los números financieros y dejó de lado la operación. La idea de que una reducción en los costos de producción y un incremento en los márgenes financieros eran suficientes para asegurar la sostenibilidad a largo plazo, hizo que se desestimara la importancia de mantener la calidad en la producción y la estabilidad operativa.

*Las consecuencias fueron las siguientes:*

- *Fallas en la calidad de los productos:* debido a la falta de mantenimiento preventivo y a la reducción de recursos destinados a la capacitación de los operarios, se produjo un aumento significativo en la cantidad de defectos en los dispositivos electrónicos fabricados. Los productos defectuosos no solo afectaron la reputación de la empresa, sino que también causaron devoluciones masivas de clientes y disminución de la lealtad a la marca.
- *Accidentes laborales por deficiencias en seguridad:* la reducción de la inversión en seguridad laboral provocó un aumento en los accidentes en la planta de producción. Varios operarios sufrieron lesiones debido a la falta de medidas preventivas adecuadas. Esto no solo afectó la moral de los empleados, sino que también generó demandas legales y sanciones por el incumplimiento de normativas de seguridad.
- *Pérdida de eficiencia operativa:* al desatender el mantenimiento preventivo de las máquinas y equipos, los tiempos de inactividad aumentaron considerablemente, lo que

afectó la capacidad de producción. La empresa no pudo cumplir con los plazos de entrega a clientes clave, lo que resultó en la pérdida de contratos importantes y una caída en la demanda.

- *Problemas con la cadena de suministro:* al intentar negociar con proveedores y buscar exclusivamente la reducción de costos, la empresa comprometió la calidad de los insumos y la fiabilidad de los proveedores críticos. Esto resultó en retrasos en las entregas y en la incapacidad de la empresa para obtener materias primas a tiempo, lo que paralizó aún más la producción.

*El duro golpe a la alta dirección:*
La empresa finalmente analizó su situación, la alta dirección se encontró con una realidad devastadora. A pesar de que los informes financieros mostraban un aumento en los márgenes de ganancia a corto plazo, la organización enfrentaba una crisis operativa que no se reflejaba en los números inmediatos. La falta de control interno operativo, la supervisión de los procesos y la desconexión con las realidades del día a día en la planta llevaron a una caída de la calidad del producto, pérdida de clientes y daños irreparables a la reputación de la marca.

El principal error fue no haber entendido que el control interno operativo no puede estar fundado exclusivamente en el análisis financiero. La operación es el núcleo del negocio, y no prestar atención a sus bases operativas provocó el colapso de una empresa que, aunque financieramente rentable en el corto plazo, perdió su estabilidad y su futuro debido a la falta de un enfoque sólido en los procesos diarios.

Este caso pone en evidencia cómo, en industrias donde la operación es esencial, como la fabricación de productos electrónicos, un control interno efectivo debe estar basado en la supervisión y mejora continua de los procesos operativos, no solo en los análisis financieros.

## El control interno operativo cuida los centavos porque el control interno financiero cuida los pesos.

*El control interno operativo cuida los detalles diarios que sostienen las grandes cifras financieras, por lo que debe mantener independencia del área financiera y reportar de forma directa a la alta dirección.*

**El control interno operativo cuida los centavos porque el control interno financiero cuida los pesos.**

Dentro del contexto del control interno, es importante diferenciar los enfoques que toman el control financiero y el control operativo, cada uno con una función distinta pero complementaria. El control interno financiero está diseñado para velar por la salud general de las finanzas de la empresa y asegurar que se cumplan las normas contables, fiscales y regulatorias. En este sentido, se enfoca en las grandes cifras y en cómo estas reflejan la estabilidad y rentabilidad de la organización: cuida los pesos porque su preocupación está en mantener la visión macroeconómica de la empresa, y para ello se asegura de que el balance financiero esté en orden.

Por otro lado, el control interno operativo se enfoca en los detalles cotidianos que, aunque pueden parecer insignificantes a simple vista, son los que realmente permiten que las grandes cifras financieras se mantengan. Es por lo que decimos que cuida los centavos, pues se preocupa por la operación, sin importar que los procesos sean grandes o pequeños, rutinarios o esporádicos ya que, de no controlarse adecuadamente, pueden acumularse y generar pérdidas considerables. Un proceso ineficiente, un desvío en la ejecución o una falta de supervisión en una tarea operativa puede parecer mínimo, pero en conjunto afecta la eficiencia general y, por ende, los resultados financieros.

Mientras que el control interno financiero garantiza que la empresa se mantenga dentro de un marco legal y rentable, el control interno operativo se asegura de que, en el día a día, cada detalle cuente. Ambas perspectivas son necesarias para el éxito de una organización, pero es el control operativo el que nutre de solidez a los procesos y asegura que cada acción, por pequeña que parezca, se realice de manera correcta, lo cual repercute directamente en la estabilidad financiera.

De aquí surge la importancia de que el departamento de control interno no dependa del área de finanzas, sino que responda directamente al director general. Si el departamento de control interno se subordina a finanzas, existe el riesgo de que sus revisiones se limiten a un enfoque estrictamente financiero, lo cual desviaría su verdadera función. El propósito del departamento no es únicamente asegurar la corrección de los números, sino evaluar y fortalecer los procesos operativos en toda la organización. Al tener una visión independiente, enfocada en los procedimientos, el departamento puede detectar ineficiencias y riesgos operativos que, aunque no se reflejen de inmediato en las cifras financieras, pueden representar amenazas importantes para la eficacia y sostenibilidad de la empresa. De este modo, reportar al director general garantiza que los hallazgos sean valorados desde una perspectiva integral, lo que protege tanto la operación como la estabilidad financiera.

**Un ejemplo de éxito: una cadena de farmacias.**

Una cadena de farmacias, con 150 puntos de venta distribuidos por la región norte del país, es una de las cadenas farmacéuticas líderes en la venta al menudeo. Opera en una industria altamente regulada debido a las estrictas normativas de salud y calidad que exigen un manejo adecuado de los medicamentos, la empresa no solo enfrenta retos financieros comunes, sino que también debe garantizar que cada una de sus sucursales cumpla con las regulaciones sanitarias para no incurrir en sanciones o, lo que es aún más grave, poner en riesgo la salud de sus clientes.

En 2020, durante una revisión anual realizada por el departamento de control interno operativo, se detectaron pequeñas desviaciones en los procesos operativos de varias farmacias. Estas desviaciones no implicaban de inmediato un impacto financiero considerable, por lo que el departamento de finanzas no había emitido alertas. Sin embargo, el control interno operativo observó irregularidades en la gestión de inventarios, el cumplimiento de normativas sanitarias y la manipulación de medicamentos.

*Problemas identificados:*

- *Gestión de inventarios deficiente:* en algunas farmacias, las existencias de medicamentos de alta rotación, como los antibióticos y analgésicos, no se reponían en tiempo. Esto generaba quiebres de stock, lo que afectaba las ventas diarias.
- *Manipulación inadecuada de medicamentos controlados:* en ciertos casos, los medicamentos controlados no se registraban adecuadamente en los libros de control de la farmacia. Si bien no se evidenció robo o pérdida, la falta de cumplimiento de la normativa era un riesgo latente que, en una auditoría de salud, podría acarrear sanciones severas.
- *Falta de supervisión en la caducidad de productos:* se detectaron medicamentos caducados en varias sucursales. Aunque la cantidad era mínima, estos productos permanecían

en las estanterías por negligencia de los empleados al no seguir el protocolo FIFO (*First In, First Out*). El riesgo de que un cliente adquiriera un medicamento caducado era una posibilidad grave que podría perjudicar la reputación de la cadena.

*El papel del control interno operativo:*

El departamento de control interno operativo intervino de manera estratégica, con un enfoque en los «centavos», es decir, en los detalles del día a día que no eran visibles para el departamento de finanzas, cuyo interés estaba en las ventas globales y los balances financieros. Se implementó un programa riguroso de supervisión operativa que incluía los siguientes pasos:

- *Automatización de la gestión de inventarios:* se desarrolló un sistema que monitoreaba de manera automática las existencias en cada farmacia y que emitía alertas cuando un medicamento estaba cerca de agotarse. Esto redujo drásticamente los quiebres de stock, ya que permitió asegurar que cada farmacia estuviera surtida y que las ventas no se vieran afectadas por faltantes de productos clave.
- *Monitoreo de medicamentos controlados:* se estableció un sistema digitalizado de registro y monitoreo para la gestión de medicamentos controlados. Este sistema estaba integrado a la plataforma de inventarios y emitía reportes semanales a la alta dirección sobre el cumplimiento de las normativas sanitarias.
- *Revisión y capacitación del personal:* el control interno operativo coordinó un programa de capacitación en el que los empleados fueron entrenados en la correcta manipulación de medicamentos, con énfasis en la rotación de inventario basada en fechas de caducidad. A cada sucursal

se le asignó un supervisor que debía asegurarse de que el protocolo FIFO fuera estrictamente respetado.

- *Auditoría operativa regular:* a través de auditorías operativas frecuentes y sorpresivas, el control interno verificaba la correcta ejecución de estos nuevos procedimientos. Este monitoreo cercano aseguró que los empleados se sintieran observados y, por lo tanto, más responsables en sus tareas diarias.

*El impacto:*

Gracias a estas medidas, la empresa no solo mejoró sus procesos operativos, sino que también logró evitar sanciones regulatorias costosas. En particular, la detección temprana de las irregularidades en la gestión de medicamentos controlados fue crítica, ya que, durante una inspección de las autoridades de salud realizada poco después, la empresa fue elogiada por su sistema de control y gestión de estos productos. Esto fortaleció su reputación en el mercado y evitó multas que podrían haber alcanzado miles de euros, además de salvaguardar su licencia para vender medicamentos controlados.

Financieramente, aunque el departamento de finanzas inicialmente no veía estas mejoras operativas como prioritarias, con el tiempo se demostró que los detalles cuidados por el control interno operativo generaron un impacto positivo en las cifras generales. Las ventas crecieron un 8% en el siguiente semestre, ya que la disponibilidad de productos clave mejoró en todas las sucursales y se eliminó la pérdida de ventas por productos agotados. Además, el correcto manejo de los medicamentos caducados y controlados generó un ahorro significativo, ya que la empresa no tuvo que enfrentarse a la reposición de inventarios por pérdidas o decomisos.

*Los riesgos en caso de incumplimiento:*
Si el control interno operativo no hubiera actuado, las consecuencias podrían haber sido devastadoras:

- *Sanciones regulatorias:* el mal manejo de medicamentos controlados y la presencia de productos caducados podrían haber resultado en sanciones significativas, la suspensión de licencias, o incluso el cierre temporal de farmacias.
- *Pérdida de reputación:* vender medicamentos caducados o el incumplimiento de normativas sanitarias podría haber provocado escándalos mediáticos con un grave impacto en la imagen de la empresa.
- *Pérdidas financieras:* sin un control operativo que garantizara la correcta gestión de inventarios, la cadena hubiera continuado perdiendo ventas por quiebres de stock y acumulando pérdidas por productos caducados o mal manejados.

La cadena de farmacias demostró que un control operativo robusto, independiente del área financiera, es esencial para asegurar la sostenibilidad y eficiencia de los procesos diarios. Mientras el control financiero cuida las grandes cifras y la estabilidad económica general, el control operativo se asegura de que los detalles, los *centavos*, estén bajo control, protegiendo a la empresa de riesgos operativos que podrían haberse transformado en problemas financieros y reputacionales graves.

## El control interno operativo busca primero la eficacia, luego vendrá la eficiencia.

*El control interno operativo prioriza la eficacia sobre la eficiencia, y enfatiza que el proceso debe cumplir su función antes de optimizar recursos para agilizar y asegurar las operaciones.*

**El control interno operativo busca primero la eficacia, luego vendrá la eficiencia.**

El control interno operativo prioriza la eficacia antes que la eficiencia. Esto significa que el objetivo inicial es que el proceso cumpla su función fundamental antes de optimizar los recursos necesarios para alcanzarla. Por ejemplo, en el proceso de facturación, el propósito debe ser asegurar la emisión y el registro de cada factura en cada transacción. Si el producto se retira del almacén sin que se emita la factura correspondiente, el proceso resulta ineficaz, y robustecer sus controles internos no solucionará este problema raíz. La eficacia es el cimiento sobre el cual se construyen tanto la robustez de los controles como la eficiencia del proceso.

Una vez alcanzada la eficacia, se puede avanzar hacia la eficiencia, buscando que el proceso logre su objetivo de manera ágil y con un uso óptimo de recursos. Un proceso eficiente no solo cumple su cometido, sino que lo hace de la manera más ágil y económica posible. Esta dinámica aplica no solo a la facturación, sino a cualquier proceso operativo. En la gestión de inventarios, por ejemplo, el control interno puede asegurar que no haya pérdidas, pero el proceso debe ser eficaz primero en la reposición correcta de los productos según la demanda. Robustecer un proceso ineficaz puede crear una falsa seguridad y prolongar problemas operativos en lugar de solucionarlos.

Los procesos que superan esta prueba de eficacia son los que admiten ser analizados para mejorar tanto su robustez en control interno como su eficiencia. Es importante recordar otro precepto del control interno: «*el control interno no está peleado con la eficiencia, aunque puede ser que la frene*».

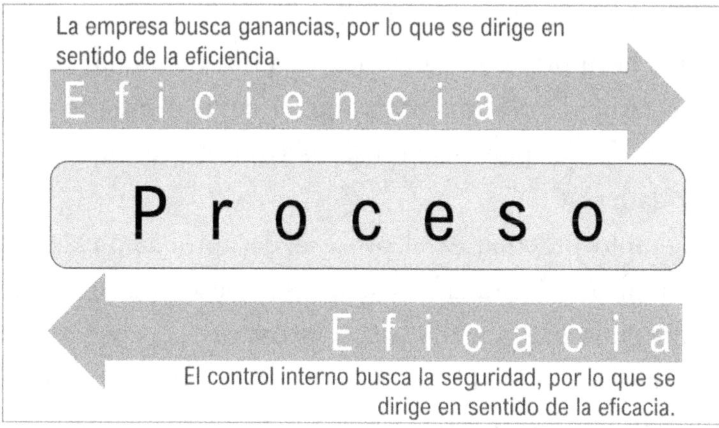


Figura 2.2. Enfoques opuestos: eficiencia empresarial vs. seguridad en el control interno

*La relación entre control interno y eficiencia*

Las empresas, por naturaleza, buscan maximizar sus ganancias, y la eficiencia es un medio directo para lograrlo. Un proceso eficiente minimiza el uso de recursos como tiempo, dinero y materiales para alcanzar sus objetivos. Por ejemplo, una línea de producción eficiente reduce costos, tiempos y desperdicios con lo que aumenta el margen de beneficio. Cada segundo ahorrado y cada insumo aprovechado contribuyen a un negocio más rentable.

Por otro lado, el objetivo del control interno operativo es diferente. Su propósito no es maximizar ganancias de manera directa, sino asegurar que los procesos operen de manera controlada y segura para así minimizar riesgos y cumplir normativas y estándares. Esto puede incluir, por ejemplo, revisiones adicionales en la emisión de facturas para evitar errores o fraudes. Estas revisiones, si bien incrementan la seguridad del proceso, pueden también hacerlo más lento y costoso.

*El choque de intereses*

Es frecuente que surja un conflicto entre eficiencia y control interno, pues la empresa busca reducir tiempos y eliminar pasos que considera redundantes, mientras que el control interno enfatiza la importancia de mantener esos pasos para prevenir errores o irregularidades.

Un ejemplo práctico es el proceso de aprobación de gastos: desde el punto de vista de eficiencia, se busca automatizarlo y reducir los puntos de aprobación. Sin embargo, el control interno requiere revisiones detalladas, lo cual agrega tiempo y costos al proceso. La empresa puede percibir este proceso como lento y costoso, mientras que el control interno lo ve necesario para prevenir fraudes y errores.

*Lograr el equilibrio*

Ambos enfoques, eficiencia y seguridad, son necesarios y deben coexistir. El objetivo es alcanzar un balance óptimo, en el cual la empresa pueda mejorar la eficiencia sin sacrificar la seguridad, y el control interno permita automatizaciones o simplificaciones sin comprometer el control. La clave está en encontrar este equilibrio, de modo que los procesos sean tanto eficientes como seguros.

*Construcción de un proceso robusto en control interno*

Para robustecer un proceso desde el control interno, lo primero es comprobar que el proceso es eficaz, es decir, que cumple su objetivo fundamental. Esto se logra a través de pruebas sustantivas, que buscan verificar que todas las actividades del proceso se ejecuten correctamente. Si se identifican fallas, estas deben corregirse antes de trabajar en su robustez.

El siguiente paso es realizar una prueba de recorrido para comprobar que el proceso se ejecuta tal como lo dicta la documentación. Si se encuentran discrepancias entre la documentación y la ejecución real, se debe hacer un ajuste: actualizar la documentación o corregir la ejecución, según corresponda. A veces la documentación puede estar desactualizada, aunque el proceso se ejecute correctamente, en cuyo caso, se ajusta la documentación. En otros casos, el proceso se ejecuta incorrectamente y debe corregirse para alinearse con una documentación vigente y precisa.

*El análisis sin riesgos ni controles*

Para fortalecer un proceso en cuanto al control interno, primero es necesario quitar todas las marcas de riesgos y controles del diagrama de flujo. ¿Por qué quitar los controles si queremos fortalecerlos? Precisamente porque queremos ver el proceso en su forma más básica, sin influencias previas que puedan limitar nuestra perspectiva sobre posibles mejoras o controles adicionales.

Una segunda razón para omitir los controles en el análisis inicial es poder calcular el tiempo mínimo que toma ejecutar el proceso en su forma más simple, sin incorporar todavía las actividades de control. Este análisis permite identificar el punto de máxima eficiencia. Por ejemplo, si analizamos el proceso de recepción en el almacén, las actividades de control, como contar los productos, verificar su calidad y colocarlos adecuadamente, aumentan la seguridad, pero también ralentizan el proceso. Si omitimos estos pasos y calculamos que el proceso toma 15 minutos, podemos afirmar que 15 minutos es el tiempo más rápido posible. Esto nos da un punto de referencia al responder a cualquier propuesta de hacer el proceso «más eficiente»; sabemos que no puede ser más rápido de 15 minutos.

*Incorporación de riesgos y controles*

Una vez que hemos identificado el tiempo más eficiente, el experto en procesos (o *«ingeniero en la construcción de procesos»*) analiza nuevamente el proceso desde una perspectiva de control interno. Esta revisión consiste en identificar los riesgos aplicables y los controles necesarios para mitigarlos, lo que da como resultado un proceso robusto y seguro. Luego, se hace una conciliación con el proceso original para agregar cualquier riesgo o control relevante que pueda haberse pasado por alto.

Este enfoque evita el sesgo que podría surgir si se comenzara con la documentación de los riesgos y controles existentes, pues limitaría la creatividad y perspectiva del experto. Para ilustrarlo, es similar a una situación en una fiesta infantil: si al preguntar a un niño «¿a quién quieres mucho?» primero se le sugiere «¿quieres mucho a tus papás?», probablemente responderá que sí, sin pensar en otras personas importantes como sus abuelos o hermanos. De la misma forma, si el experto se centra en los controles preexistentes, podría perder de vista nuevas áreas de riesgo que podrían fortalecerse.

## El control interno no está peleado con la eficiencia, aunque puede ser que la frene, pues pone todo su empeño en la eficacia.

*El control interno fortalece la eficacia de los procesos y equilibra la eficiencia con seguridad, calidad y precisión, sin sacrificar el cumplimiento ni la sostenibilidad organizacional.*

**El control interno no está peleado con la eficiencia, aunque puede ser que la frene, pues pone todo su empeño en la eficacia.**
El control interno y la eficiencia no son conceptos opuestos, aunque su interacción puede generar desafíos. La eficiencia se centra en hacer las cosas rápido y con los menores recursos posibles, mientras que el control interno prioriza la eficacia, asegurándose de que los procesos cumplan con los objetivos establecidos, sean confiables y se alineen con normativas y estándares.

Si bien las medidas de control interno pueden, en ocasiones, ralentizar temporalmente las operaciones, su propósito es prevenir errores, fraudes o incumplimientos que, a largo plazo, tendrían un costo mucho mayor para la organización. Esto no implica que estén en conflicto, sino que requieren de un equilibrio estratégico.

Un control interno bien diseñado debe garantizar que los procesos sean ágiles y confiables, e integrar la eficacia como base, sin comprometer la calidad ni la seguridad. La automatización de controles, la mejora continua y el monitoreo constante son herramientas clave para alcanzar este equilibrio.

*Lo que no es eficiencia*
Para evitar malentendidos, es importante aclarar que la eficiencia no consiste en:

- Acelerar los procesos sin considerar los riesgos.
- Reducir los costos a expensas de la calidad o la seguridad.
- Simplificar pasos esenciales o eliminar controles necesarios.
- Adoptar tecnología sin garantizar que los estándares de control se mantengan.
- Tomar decisiones rápidas sin una base informada.

Estas prácticas pueden generar una percepción de eficiencia, pero a menudo comprometen la eficacia y, con ello, la sostenibilidad de la organización.

*Cómo lograr el equilibrio entre eficiencia y eficacia*

- *Con un análisis detallado de los procesos.* Deben identificarse los pasos clave y las áreas de mejora con un cuidado tal que garantice que las optimizaciones no afectarán los controles esenciales ni introducirán vulnerabilidades.
- *Con una automatización con un propósito claro.* Deben incorporarse las nuevas tecnologías de manera estratégica a la vez que se respeten los controles internos y se garantice que esos nuevos sistemas no introducirán nuevos riesgos.
- *Con una supervisión continua.* Debe monitorearse constantemente el desempeño de los procesos para verificar que los cambios mantengan su eficacia y refuercen los controles existentes.
- *Con una capacitación robusta.* Debe instruirse a los empleados no solo en cómo realizar sus tareas, sino también en la importancia de los controles internos y su rol en la sostenibilidad de la organización.
- *Con una cultura de mejora continua.* Deben revisarse los procesos de manera periódica para identificar

oportunidades de optimización que integren eficiencia y eficacia de forma equilibrada.

Cuando se logra un equilibrio entre eficiencia y eficacia, el control interno se convierte en un aliado estratégico. Los «*ingenieros en la construcción de procesos*», como los denominamos, juegan un papel crucial en este contexto. Estos profesionales son arquitectos del cambio, que diseñan e implementan mejoras que optimizan las operaciones sin comprometer la seguridad, la calidad ni los objetivos estratégicos. Con una visión holística de los objetivos de la empresa y de los riesgos que la amenazan, garantizan que las optimizaciones no solo se alineen con las metas organizacionales, sino que también fortalezcan las bases que permiten su sostenibilidad a largo plazo.

El control interno es un catalizador del éxito sostenible, porque protege a la organización frente a los riesgos y asegura que el avance se produzca con certeza, solidez y precisión.

**Un ejemplo de éxito: ferretería robotizada.**

Una ferretería, que gestiona un inventario de miles de productos y enfrenta desafíos de eficiencia en su almacén, decidió implementar una solución tecnológica avanzada para optimizar la operación interna. La empresa optó por robotizar por completo el almacén, eliminando la necesidad de personal dentro de las instalaciones de almacenamiento.

*Cómo fue su implementación:*

*Robotización del almacén:* la ferretería implementó un sistema de robots autónomos para gestionar el almacenamiento y la recuperación de productos. Los robots están equipados con sensores avanzados, sistemas de navegación y herramientas específicas para manipular piezas de diferentes tamaños y pesos. Los productos son almacenados en estantes automatizados, y los robots pueden localizar y extraer cualquier artículo bajo demanda, con una eficiencia superior a la intervención humana.

*Integración con el sistema de punto de venta (POS):* el sistema de robots está completamente integrado con *POS*. Cuando un cliente realiza una compra, el cajero procesa la venta y el sistema de *POS* envía una señal al robot correspondiente en el almacén. El robot recibe la orden, localiza el artículo en el estante, lo extrae y lo transporta hacia el área de entrega. Este proceso se realiza en tiempo real y sin intervención manual.

*Proceso de entrega al cajero:* una vez que el robot entrega el producto al área de facturación, el cajero finaliza la transacción y se lo entrega al cliente. Esta automatización asegura que el proceso de extracción y entrega del producto sea rápido y preciso, eliminando errores humanos y mejorando la eficiencia operativa.

*Devoluciones automatizadas:* en el caso de una devolución, el cliente presenta el producto junto con el número de factura. El robot también juega un papel clave en este proceso. Antes de aceptar la devolución, el robot verifica si el número de serie del producto coincide con el número de serie registrado en la factura de venta original. Esto garantiza que el producto devuelto sea el mismo que se entregó al cliente en el momento de la compra. Si el número de serie es correcto, el robot regresa el producto al estante correspondiente en el almacén, y el sistema de *POS* actualiza automáticamente el inventario, de lo contrario el *POS* niega la devolución y da la explicación del por qué.

*Verificación y seguridad:* la robotización también mejora la seguridad del almacén. Al no haber personal trabajando en el interior, se reduce el riesgo de robo, del mal manejo de los productos y de accidentes personales. Además, los robots están programados para seguir procedimientos estrictos en la manipulación de productos, lo que asegura que los artículos sean manejados con cuidado y según las regulaciones internas de calidad y seguridad.

*Cuáles son los resultados que se obtuvieron:*
*Eficiencia mejorada:* el proceso de localización y entrega de productos es mucho más rápido, reduciendo el tiempo que el personal debe dedicar a las operaciones del almacén y mejorando la agilidad en las transacciones.

*Reducción de errores:* el sistema automatizado eliminó los errores humanos en el proceso de recuperación de productos y la verificación de devoluciones, garantizando que el inventario fuera menos viable a diferencias.

*Mayor seguridad:* al eliminar el acceso físico al almacén para el personal, la seguridad general de los productos y la información del inventario mejoraron notablemente.

*Ahorro en costos operativos:* la automatización redujo los costos asociados con la gestión manual del almacén y la intervención de personal en tareas repetitivas y propensas a errores.

*Mejor control interno:* la integración con el sistema *POS* permitió un control riguroso de todas las transacciones, tanto de ventas como de devoluciones, lo que redujo el riesgo de fraude y mejoró la trazabilidad de los productos.

Gracias a la participación del *«ingeniero en la construcción de procesos»* desde el inicio del proyecto, se logró alcanzar el éxito esperado. Su comprensión profunda de los objetivos estratégicos de la empresa y su capacidad para identificar los riesgos asociados en cada etapa de los procesos fueron clave para la implementación exitosa. Sin un análisis exhaustivo y una visión integral, este proyecto no habría prosperado como lo hizo. Hoy, la ferretería disfruta de un almacén completamente robotizado, perfectamente integrado con el *POS* y con la automatización de devoluciones, lo que no solo optimiza la eficiencia operativa, sino que refuerza los controles internos. Este avance ha garantizado que las operaciones sean más seguras, precisas y confiables. Este caso ejemplifica cómo el control interno y la eficiencia pueden coexistir, sin sacrificar la calidad ni la seguridad, a través de la innovación.

## El control interno camina de la mano de la austeridad que va en busca de la eficiencia.

> *El control interno, al caminar junto con la austeridad, optimiza recursos de manera segura y garantiza la eficiencia sin comprometer la eficacia ni la integridad operativa.*

**El control interno camina de la mano de la austeridad que va en busca de la eficiencia.**
El control interno es una estrategia que puede caminar de la mano con la austeridad para alcanzar una mayor eficiencia, sin perder el enfoque como una herramienta para la vigilancia y supervisión de los procesos. La austeridad, cuando es bien entendida, no significa simplemente recortes sin rumbo, sino una administración cuidadosa de los recursos que elimina gastos innecesarios y optimiza las operaciones para generar el mayor valor posible. El control interno, por su parte, garantiza que estas decisiones de optimización se lleven a cabo de manera segura y sin comprometer los objetivos fundamentales del negocio.

A menudo, las organizaciones enfrentan el reto de encontrar un equilibrio entre la reducción de costos y el mantenimiento de operaciones seguras y controladas. En este contexto, el control interno se convierte en un facilitador clave de la austeridad. Al identificar riesgos, controlar pérdidas y evitar fraudes o malversaciones, el control interno permite que las empresas adopten medidas de austeridad sin dejar de lado la integridad de los procesos. De este modo, se asegura que la búsqueda de la eficiencia no ponga en riesgo la estabilidad operativa.

Además, el control interno bien diseñado puede ayudar a identificar oportunidades para mejorar la eficiencia dentro de la organización. Al reducir duplicidades de tareas, mejorar flujos de trabajo y eliminar cuellos de botella, se puede lograr un uso más efectivo de los recursos. La austeridad y el control interno son compatibles y, al trabajar en conjunto, promueven un ambiente en el que se maximiza el rendimiento con los recursos disponibles.

*¡Que contradicción!*

Existe un precepto que dice «*El control interno operativo busca primero la eficacia, luego vendrá la eficiencia*» y ahora este otro dice «*El control interno camina de la mano de la austeridad que va en busca de la eficiencia*», ¡qué está pasando!, ¿el control interno busca o no busca la eficiencia?

No existe tal contradicción. Aquí lo explicamos.

A primera vista, los preceptos pueden parecer contradictorios: por un lado, se establece que el control interno puede frenar la eficiencia, ya que su principal enfoque es la eficacia, y por otro, se menciona que el control interno camina de la mano de la austeridad en busca de la eficiencia. Sin embargo, al analizarlos más a fondo, es claro que no hay tal contradicción, sino más bien una complementariedad entre ambos enfoques.

El primer precepto aclara que el control interno pone un énfasis primordial en la eficacia. Esto significa que antes de hacer un proceso eficiente, es fundamental asegurarse de que cumpla con su propósito básico: lograr los objetivos para los cuales fue diseñado. Este enfoque puede parecer que frena la eficiencia inicialmente, porque añade controles o pasos que podrían hacer más lento el proceso, pero su intención es garantizar que el proceso funcione de manera adecuada y segura. De nada serviría tener un proceso ágil y eficiente si no logra su cometido o, peor aún, si pone en riesgo a la organización por no contar con los controles necesarios.

Por otro lado, el segundo precepto sugiere que el control interno también puede caminar de la mano de la austeridad en busca de la eficiencia. Esto significa que, una vez asegurada la eficacia y la seguridad del proceso, el control interno puede optimizar los recursos para hacerlo más eficiente. En este contexto, la austeridad implica un uso inteligente de los recursos, con la eliminación de lo superfluo sin comprometer la eficacia ni la seguridad. De esta manera, el control interno apoya la eficiencia al identificar dónde se pueden hacer recortes responsables que no pongan en peligro los objetivos fundamentales del proceso.

Ambos preceptos conviven y se complementan: primero, el control interno asegura que el proceso sea eficaz y seguro (aunque temporalmente pueda frenar la eficiencia), y luego, mediante la austeridad, busca que ese mismo proceso sea más eficiente sin sacrificar su integridad. El control interno no es un enemigo de la eficiencia; simplemente se asegura de que esta no se logre a costa de la seguridad o la efectividad del proceso. Al final, el control interno, la austeridad y la eficiencia pueden coexistir, siempre que se sigan de manera ordenada y con un enfoque balanceado.

**Un ejemplo de éxito: la reingeniería del proceso de producción con control interno y austeridad.**

Una empresa de manufactura con 320 empleados e ingresos anuales de 3.5 millones de euros enfrentaba una situación financiera complicada debido a sus altos costos operativos y a una creciente competencia en el mercado. Para hacer frente a esta crisis, la gerencia optó por implementar medidas de austeridad destinadas a reducir gastos y mejorar la eficiencia. Sin embargo, los primeros esfuerzos, que incluyeron la reducción de personal y el uso de materiales más económicos, provocaron una disminución en la calidad de los productos, lo que a su vez incrementó las quejas de los clientes.

Aunque inicialmente estas medidas parecían prometedoras desde una perspectiva financiera, su impacto negativo fue evidente: la reputación de la empresa se deterioró y la satisfacción del cliente disminuyó considerablemente. Además, los controles internos existentes no lograron detectar oportunamente problemas críticos, como el aumento del desperdicio de materia prima y los defectos en los productos terminados.

Fue entonces cuando la alta dirección, con un enfoque más estructurado y equilibrado, combinó las medidas de austeridad con el fortalecimiento del control interno operativo. Para lograr este objetivo, se diseñó e implementó una estrategia integral que abordó tanto los riesgos críticos como las oportunidades de mejora en la eficiencia operativa. Las acciones clave incluyeron:

- *Evaluación de riesgos:* se realizó un análisis para identificar las áreas críticas de riesgo, como los procesos con altos niveles de desperdicio y los puntos donde se originaban defectos en los productos.
- *Optimización de recursos:* se estableció un sistema de control interno para rastrear el uso de las materias primas. Esto incluyó la implementación de sensores en las líneas de producción para medir el consumo y detectar excesos en tiempo real.

- *Capacitación al personal:* en lugar de reducir la plantilla, se implementó un programa de formación diseñado para que los trabajadores identificaran y reportaran problemas operativos de manera proactiva. Ahora los empleados eran más conscientes de su papel como agentes clave en la mejora continua.
- *Revisión de los procesos:* los flujos de trabajo se rediseñaron para eliminar pasos innecesarios y duplicidad de actividades, sin comprometer la seguridad ni la calidad.
- *Supervisión continua:* se instaló un sistema de monitoreo en línea que permitió a los gerentes supervisar indicadores clave de rendimiento, como la tasa de desperdicio, la productividad y la calidad, en tiempo real.

*Los resultados obtenidos fueron sorprendentes:*

- *Reducción de desperdicio:* el uso de sensores y un mejor control de inventarios disminuyó el desperdicio de materia prima en un 30%.
- *Aumento en la calidad:* los defectos en los productos terminados se redujeron en un 20%, lo que resultó en menos devoluciones y mayor satisfacción del cliente.
- *Ahorro inteligente:* los costos operativos se redujeron significativamente, no por recortes indiscriminados, sino gracias a la eliminación de desperdicios y a la optimización de procesos.

Este caso ilustra cómo el control interno puede trabajar de la mano con la austeridad para lograr eficiencia sin sacrificar la eficacia. Inicialmente, el enfoque en la eficacia permitió estabilizar los procesos críticos y asegurar la calidad. Posteriormente, la austeridad, apoyada por un control interno robusto, identificó oportunidades para optimizar recursos sin comprometer la integridad operativa.

El control interno no es un obstáculo para la eficiencia; más bien, es un aliado estratégico cuando se utiliza correctamente. En este caso, la empresa demostró que es posible equilibrar la austeridad y la eficiencia mediante un enfoque meticuloso y centrado en la gestión de riesgos y controles.

## La burocracia es enemiga del control interno.

*La burocracia impone barreras que limitan la efectividad del control interno y crea una complejidad y un falso sentido de seguridad que reduce la agilidad y la responsabilidad en la gestión de riesgos.*

**La burocracia es enemiga del control interno.**
Este precepto parte de una observación frecuente en las organizaciones: cuando los procesos se vuelven demasiado formales o rígidos, los controles internos pierden eficacia y se transforman en cargas operativas más que en mecanismos de protección. La burocracia tiende a crear una serie de procedimientos y protocolos que, si bien están diseñados para prevenir riesgos y asegurar la conformidad, a menudo generan retrasos y complejidades innecesarias. Esta sobrecarga puede desincentivar la innovación y la adaptación, lo que provoca que los empleados se sientan atrapados en un laberinto de reglas que limitan su capacidad para responder ágilmente a situaciones cambiantes.

Además, un entorno burocrático puede dar lugar a la complacencia entre los empleados, quienes podrían confiar en que los procedimientos existentes son suficientes para garantizar el control, sin cuestionar su efectividad. Esta actitud puede llevar a una falta de vigilancia y a una cultura de «cumplimiento mínimo», donde los empleados se limitan a seguir las reglas sin reflexionar sobre la mejora continua o la identificación de riesgos emergentes. En este contexto, la burocracia no solo se convierte en una barrera, sino que puede incluso generar nuevos riesgos al crear un falso sentido de seguridad.

Es fundamental impulsar una cultura organizacional que valore la flexibilidad y la adaptabilidad, al permitir ajustes en los controles internos según las necesidades y circunstancias específicas de la operación. Un enfoque ágil y dinámico mejora la eficacia del control interno y empodera a los empleados para actuar como agentes activos en la identificación y mitigación de riesgos. Este enfoque fomenta un ambiente de mejora continua y fortalece la resiliencia organizacional.

*Firmar por firmar; falsos autorizantes*

La simple firma de un documento por parte de un autorizante no debe considerarse como un control efectivo. Este enfoque superficial, donde la autorización se reduce a un mero gesto administrativo, carece de validez operativa y puede conducir a la complacencia y a la generación de riesgos no evaluados. Firmar por firmar se convierte en una práctica burocrática que desvincula el acto de autorización de su verdadera responsabilidad y, en consecuencia, debilita el sistema de control interno.

Para que la autorización tenga sentido y valor, debe estar respaldada por un proceso estructurado que incluya una lista de verificación que el autorizante debe seguir. Esta lista no solo proporciona un marco para la evaluación de la solicitud, sino que también asegura que el autorizante considere todos los aspectos relevantes antes de emitir su aprobación. De esta manera, se promueve una cultura de responsabilidad y diligencia, donde la firma se convierte en un acto consciente que refleja un análisis crítico y fundamentado, en lugar de un mero trámite.

Además, al establecer un protocolo que involucre la revisión de una lista de verificación, se minimizan las oportunidades de error y se promueve una mayor transparencia en el proceso. Esto no solo fortalece el control interno, sino que también empodera a los autorizantes para que sean participantes activos en la gestión de riesgos, en lugar de convertirse en simples validadores de procesos. De esta forma, se fomenta un ambiente donde la calidad del control interno es prioritaria, y se reduce la burocracia al integrar controles que realmente aporten valor y seguridad a la organización.

## Por tendencia natural, los empleados priorizan los intereses personales sobre los de la empresa.

*El control interno debe anticiparse a la naturaleza humana y asegurar que las reglas empresariales prevalezcan sobre las conductas personales que puedan perjudicarla, lo que garantiza la sostenibilidad y la ética empresarial.*

**Por tendencia natural, los empleados priorizan los intereses personales sobre los de la empresa.**

Este precepto refleja una realidad inherente al comportamiento humano: los intereses personales tienden a prevalecer sobre los intereses organizacionales debido al instinto de supervivencia y la búsqueda del bienestar individual. Aunque pueda parecer severo, es fundamental reconocer esta inclinación para diseñar controles internos efectivos que mitiguen el impacto de estos comportamientos en los objetivos de la empresa.

El control interno debe anticiparse a las dinámicas humanas para asegurar que los procesos, políticas e incentivos estén alineados con los intereses de la organización y para minimizar las brechas que podrían permitir que los intereses personales prevalezcan. Si estas brechas persisten, surgen amenazas organizacionales que van desde la negligencia hasta conductas intencionalmente perjudiciales. En este contexto, el «incentivo perverso» —un sistema que premia comportamientos perjudiciales— puede ser una amenaza latente, como ocurre cuando los empleados coluden con proveedores o clientes para lograr sus objetivos personales.

*Tipología de conductas de los empleados*

Las conductas de los empleados, desde las menos perjudiciales hasta las más graves, pueden clasificarse según su alineación con los intereses de la empresa. Estas incluyen:

- *Flojera:* resistencia a seguir procedimientos o realizar el trabajo con eficiencia, lo que se refleja en errores o falta de productividad. Ejemplo: evitar revisar documentos y con ello generar errores.
- *Indiferencia:* falta de interés por la calidad del trabajo. Aunque no siempre hay mala intención, esta actitud resulta en un desempeño mediocre que daña a la empresa. Ejemplo: cumplir con tareas de forma mecánica, sin buscar mejoras.
- *Conformismo:* cumplimiento estricto de lo mínimo requerido, sin cuestionar ni innovar. Ejemplo: seguir órdenes sin evaluar si están alineadas con las políticas de la empresa.
- *Astucia pragmática:* conductas orientadas a maximizar beneficios personales sin violar las reglas abiertamente. Ejemplo: asignar tareas menos demandantes a su cargo mientras otros asumen responsabilidades mayores.
- *Incentivo personal desalineado:* priorizar intereses propios, aunque no ilegales, que entran en conflicto con los

objetivos organizacionales. Ejemplo: dar preferencia a proyectos importantes a superiores y descuidar tareas críticas menos notorias.

- *Fraude o sabotaje:* comportamientos intencionadamente dañinos hacia la empresa para obtener beneficios personales. Ejemplo: manipular registros para obtener un bono o permitir fallas en un sistema crítico para dañar a un superior.
- *Incentivo perverso:* cuando políticas internas mal diseñadas fomentan conductas perjudiciales. Ejemplo: un vendedor que realiza ventas ficticias para cumplir metas y obtener bonificaciones, aunque esas ventas sean anuladas posteriormente.

*Prevención de incentivos perversos*

El «incentivo perverso» surge cuando los sistemas de recompensas y políticas internas fomentan conductas que benefician intereses personales en detrimento de los objetivos de la organización. Este fenómeno suele estar relacionado con una inadecuada segregación de funciones.

Es crucial entender que la segregación de funciones no comienza con el diseño de procesos, sino mucho antes: desde la selección de las personas que participarán en dicho diseño. Permitir que aquellos que ejecutan un proceso, como los vendedores en el caso de un diseño de ventas, influyan en decisiones que les beneficien, como el cálculo de comisiones, puede generar incentivos perversos. En cambio, involucrar a personas ajenas a la ejecución del proceso asegura imparcialidad y prevalencia de los intereses de la empresa.

Esta estrategia es el primer paso para mitigar los efectos de los incentivos perversos, lo que fomenta decisiones alineadas con los objetivos organizacionales y disminuye los riesgos de políticas mal estructuradas.

*Otras causas de incentivos perversos*

- *Diseño inadecuado de sistemas de recompensas:* cuando los sistemas de incentivos solo premian métricas cuantitativas (como ventas o producción) sin considerar la calidad o las consecuencias a largo plazo, los empleados pueden priorizar el cumplimiento de objetivos inmediatos en detrimento de la sostenibilidad organizacional.
- *Falta de monitoreo y supervisión:* la ausencia de controles adecuados permite que los empleados actúen sin consecuencias. La falta de auditorías periódicas puede permitir que los comportamientos incorrectos se generalicen.
- *Cultura organizacional deficiente:* si la cultura empresarial no enfatiza la ética, la transparencia y la responsabilidad, los empleados pueden sentir que los comportamientos egoístas son tolerados o incluso premiados. Esto ocurre cuando se valora excesivamente la competitividad sin tener en cuenta los medios para alcanzarla.
- *Ambigüedad en expectativas y responsabilidades:* la falta de claridad sobre las expectativas y responsabilidades de los empleados puede generar confusión sobre lo que está permitido. La incertidumbre en los roles facilita que los empleados tomen decisiones beneficiosas a corto plazo, sin considerar el impacto en la empresa.
- *Compromiso débil con la ética organizacional:* si los principios éticos no forman parte integral de la estrategia de la empresa, los incentivos perversos pueden florecer. Los empleados que perciben que «hacer trampa» es común o tolerado se verán más inclinados a adoptar ese

comportamiento, especialmente cuando están bajo presión por cumplir metas de rendimiento.

- *Excesiva presión por cumplir metas:* la presión desmedida para alcanzar ciertos objetivos, sin recursos adecuados, puede llevar a los empleados a tomar atajos que perjudican a la organización. Esto se ve cuando las metas son poco realistas o se imponen sin el apoyo necesario.
- *Concentración de poder y decisiones sin contrapesos:* la centralización de decisiones, sin un adecuado proceso de revisión, puede generar incentivos perversos. La falta de supervisión permite que las personas con demasiada autoridad tomen decisiones que beneficien sus intereses a expensas de la empresa.
- *Conflictos de interés no gestionados:* cuando los empleados tienen conflictos de interés, como un gerente con participación financiera en un proveedor, sus decisiones pueden estar sesgadas y no beneficiar a la empresa en su conjunto.

El control interno debe ser un sistema integral que no solo se enfoque en el diseño de procesos y políticas, sino también en la construcción de una cultura organizacional sólida que alinee los intereses personales de los empleados con los objetivos de la empresa. La prevención de incentivos perversos y el fortalecimiento de los controles internos son fundamentales para proteger la sostenibilidad y ética de la organización.

## Por la adaptabilidad y respuesta al cambio

## El control interno debe ser rígido y evitar al máximo las excepciones.

*El control interno debe ser rígido para evitar excepciones, ya que estas generan desorden, desvíos de protocolos y aumento de riesgos por errores, lo que hace que se comprometa la eficacia del sistema.*

**El control interno debe ser rígido y evitar al máximo las excepciones.**

La rigidez en el control interno es fundamental para mantener la integridad de los procesos y procedimientos establecidos. Permitir excepciones, incluso las más pequeñas, abre la puerta a la posibilidad de que surjan más, lo que desencadena un efecto dominó que compromete la eficacia de todo el sistema. Cada excepción crea un desvío de las normativas y protocolos, lo que, a largo plazo, desvirtúa los objetivos del control interno y genera un ambiente propenso a errores y fraudes.

Un control interno sin rigidez no solo es ineficaz, sino que se convierte en letra muerta. La falta de un enfoque firme facilita que la cultura de la organización evolucione hacia una mentalidad de complacencia. Los empleados pueden llegar a interpretar la permisividad como una autorización implícita para evadir las normas, lo que debilita la estructura del control interno. Es crucial que los líderes de la organización refuercen la importancia de seguir los protocolos y fomenten una cultura de cumplimiento que minimice el riesgo de excepciones.

Además, la rigidez en el control interno permite una mejor evaluación de riesgos y la implementación de medidas correctivas más eficaces. Al evitar excepciones, las organizaciones pueden identificar con mayor claridad cualquier anomalía o desviación en los procesos, lo que les permite tomar decisiones más informadas y estratégicas. Este enfoque contribuye a la adaptación a un entorno cambiante, sin perder de vista la importancia de la estructura rígida que sostiene la eficacia del sistema de control interno.

Cabe recordar otro precepto esencial: *«el desorden y la falta de estandarización son enemigos del control interno»*. Cada excepción implica que el proceso, en esa transacción particular, no fue llevado de manera uniforme, es decir, se salió del estándar. Las excepciones conducen al desorden y alejan a la organización de la estandarización, lo cual es crítico para preservar la uniformidad y la consistencia que el control interno requiere.

Por lo tanto, mantener la rigidez en el control interno no solo protege la eficiencia del sistema, sino que también asegura la reputación y la sostenibilidad a largo plazo de la empresa.

*Antes de abordar el caso de ejemplo, queremos definir: ¿qué es una urgencia?*

Una urgencia es cualquier situación que exige atención y acción inmediata, y que altera los procesos establecidos y los desvía del estándar. Desde el punto de vista del control interno, las urgencias representan una anomalía en el sistema, una señal de que algo en el diseño, implementación o cumplimiento de los procesos no funciona como debiera.

*Causas de las urgencias*

Las urgencias no surgen de forma espontánea; tienen causas identificables que deben analizarse para comprenderlas y prevenirlas. Entre las principales causas se encuentran:

- *Falta de planeación adecuada:* errores en la planificación generan escenarios imprevistos.
- *Errores humanos o fallas operativas:* acciones incorrectas o negligencias que derivan en desvíos.
- *Procesos no estandarizados:* la ausencia de lineamientos claros permite inconsistencias.
- *Fallas en la comunicación:* la falta de flujo de información oportuna y precisa genera desconexiones entre áreas.
- *Factores externos:* cambios repentinos en el entorno que impactan los procesos organizacionales.

*Tipos de urgencias*

Dependiendo de su naturaleza, las urgencias pueden clasificarse en:

- *Operativas:* situaciones que afectan la producción o los servicios.
- *Administrativas:* problemas relacionados con la gestión y documentación.
- *Financieras:* eventos que impactan el flujo de caja o la estabilidad económica.
- *Logísticas:* incidentes relacionados con la cadena de suministro o distribución.

*Impacto de las urgencias*

Las urgencias comprometen la rigidez del sistema de control interno y debilitan los controles establecidos. Los efectos más comunes son:

- *Incremento de costos:* las soluciones improvisadas suelen ser más costosas.
- *Deterioro de la calidad:* la rapidez en la ejecución compromete la excelencia operativa.
- *Estrés organizacional:* la presión constante afecta el bienestar y la productividad de los empleados.

- *Erosión de la cultura de cumplimiento:* la repetición de urgencias genera permisividad y complacencia.

*Cómo deben abordar las urgencias los auditores*
Las urgencias deben considerarse señales de alerta y no eventos aislados. Para un auditor, representan una oportunidad para identificar problemas subyacentes y mejorar los procesos organizacionales. La labor del auditor incluye:

- Identificar las causas raíz de las urgencias.
- Establecer controles preventivos para minimizar su aparición.
- Monitorear indicadores clave que permitan anticiparlas.
- Fomentar una cultura de planeación, estandarización y supervisión rigurosa.

Una urgencia controlada puede convertirse en un aprendizaje valioso, mientras que una urgencia recurrente es una señal inequívoca de que el control interno está fallando.

**Un ejemplo de fracaso: producciones urgentes.**
Una empresa de manufactura, con 320 empleados y 12 millones de euros anuales, fabrica cables de conexión eléctrica para automóviles y tractocamiones. El almacén de materiales opera bajo un esquema basado en órdenes de producción, las cuales se surten conforme son solicitadas por el área de producción, en alineación con su plan de trabajo previamente establecido. Sin embargo, la realidad operativa dista mucho del diseño inicial. Las excepciones al plan de producción se han vuelto más frecuentes que la ejecución del plan mismo, evidenciando una falta de rigidez en el control interno.

Estas órdenes de trabajo «urgentes» requieren una preparación y surtido inmediato, lo que genera un entorno de alta presión y estrés.

Los empleados han manifestado descontento, frustración e incluso problemas de salud debido al constante estado de emergencia.

*Causas identificadas por la líder del almacén:*

- *Uso indebido de materiales:* el área de producción toma materiales asignados a una orden de producción para utilizarlos en otra. Esto ocasiona retrasos en las órdenes afectadas y fallas de calidad, ya que los componentes usados no siempre son compatibles.
- *Errores inducidos por la urgencia:* la rapidez con la que se deben completar las órdenes urgentes genera más errores en la producción, lo que incrementa las mermas.
- *Pérdidas de componentes:* durante el proceso de producción, algunos materiales se extravían, y el problema se resuelve reabasteciendo los componentes perdidos, sin investigar las causas de fondo.

*Faltas de control interno observadas:*

- *Ausencia de monitoreo del plan de producción:* el plan de producción no se cumple con rigidez, y los líderes del área de producción no realizan un seguimiento adecuado.
- *Falta de consecuencias ante errores:* no existen sanciones ni consecuencias por las fallas o errores, lo que desincentiva la mejora continua.
- *Carencia de indicadores clave:* no se registran indicadores que reflejen desperdicios y mermas, lo que impide evaluar y corregir las deficiencias en el proceso.
- *Falta de un control robusto:* la falta de rigidez en los procesos refleja un control interno débil que no logra alinear la operación con los estándares establecidos.

La falta de rigidez en el control interno no solo afecta la eficiencia operativa, sino que también genera un impacto negativo en la moral y la salud de los empleados. Este caso ilustra cómo las excepciones no controladas pueden desmoronar la estructura de un proceso y abrir la puerta a un caos operativo.

Para un auditor experto, este ejemplo es una invitación a reflexionar: ¿qué tan rígido debería ser el control interno en las empresas que audita? La flexibilidad puede parecer tentadora en el corto plazo, pero una estructura débil pone en riesgo la sostenibilidad organizacional. El control interno rígido, cuando se diseña e implementa correctamente, no solo protege los procesos, sino que también fomenta una cultura de cumplimiento, minimiza riesgos y fortalece la confianza en el sistema. La rigidez, lejos de ser un obstáculo, es la columna que sostiene el orden y la eficacia organizacional.

## Las políticas, procesos, controles, incentivos, etc., mal diseñados y que permanecen en el tiempo, se convierten en ley y será difícil erradicarlos.

*Las políticas y procesos mal diseñados se convierten en normas implícitas difíciles de erradicar, lo cual limita la adaptabilidad y expone a las organizaciones a riesgos y prácticas obsoletas.*

**Las políticas, procesos, controles, incentivos, etc., mal diseñados y que permanecen en el tiempo, se convierten en ley y será difícil erradicarlos.**

Las políticas, procesos y controles en una organización son herramientas esenciales para el buen funcionamiento y la efectividad del control interno. Sin embargo, cuando estos elementos están mal diseñados o implementados, su permanencia en el tiempo puede transformarlos en normas tácitas que los empleados adoptan como parte del entorno laboral. Este fenómeno ocurre porque, con el tiempo, los procedimientos ineficaces se arraigan en la cultura organizacional y generan una resistencia al cambio. La aceptación generalizada de estas «leyes no escritas» puede llevar a una conformidad que obstaculiza la innovación y la mejora continua.

Además, el riesgo asociado con políticas mal diseñadas se ve agravado por la falta de un monitoreo efectivo. A medida que estas directrices se vuelven más normativas, las personas pueden dejar de cuestionar su relevancia y eficacia. Esta inercia puede resultar en la perpetuación de prácticas obsoletas o ineficaces, lo que limita el rendimiento organizacional y expone a la empresa a riesgos innecesarios. Por lo tanto, es crucial que las organizaciones evalúen y actualicen regularmente sus políticas y procesos para asegurar que estén alineados con los objetivos estratégicos y operativos.

Erradicar estas prácticas nocivas representa un desafío que exige un esfuerzo consciente y sistemático. Esta tarea requiere identificar y reformar los controles ineficaces, además de fortalecer una cultura organizacional basada en la adaptabilidad y el aprendizaje. Los líderes deben estar dispuestos a cuestionar las normas existentes y crear un entorno en el que se incentiven la innovación y la mejora continua, y con ello permitir que las políticas y procesos evolucionen para enfrentar los desafíos del entorno empresarial actual.

**Un ejemplo de fracaso: una política mal planteada.**

Un caso emblemático de una política mal planteada se encuentra en una empresa que, en sus inicios, formaba parte del Sector

Público y estableció como norma jubilar a sus empleados al cumplir 50 años, a pesar de que la legislación nacional fijaba la jubilación a los 60 años. Con el tiempo, el Gobierno decidió privatizar esta empresa, y el nuevo propietario se enfrentó a un dilema: seguir con la política de jubilación prematura o arriesgarse a una huelga por parte de los empleados que se sentían con derecho a jubilarse a los 50 años. Al final, el nuevo dueño no tuvo más remedio que perpetuar esta norma ineficaz, lo que implicó mantener una política que claramente no se alineaba con las prácticas más amplias del mercado laboral.

Años después, esta política sigue vigente, y su erradicación se ha vuelto un desafío casi insuperable. Los empleados que ahora están próximos a jubilarse bajo este esquema han llegado a aceptar la situación como parte de la cultura organizacional y se han mostrado reacios al cambio debido a la inercia del tiempo y a la falta de una reevaluación crítica. Esta historia ilustra cómo las decisiones mal fundamentadas pueden convertirse en prácticas institucionales que, aunque perjudiciales, son difíciles de eliminar. La necesidad de mantener a estos empleados durante diez años más hasta que alcancen la edad de jubilación establecida por el Gobierno, representa un costo significativo para la empresa, además de limitar su capacidad para contratar nuevos talentos.

Este ejemplo no solo destaca las consecuencias de una política mal diseñada, sino que también subraya la importancia de una gestión proactiva en el desarrollo de políticas que sean sostenibles y alineadas con el entorno legal y económico. Es fundamental que las organizaciones evalúen periódicamente sus prácticas y estén dispuestas a adaptarse, con el fin de asegurar que sus políticas promuevan un ambiente laboral dinámico y eficiente, y que se evite la perpetuación de normas que, en su esencia, limitan el crecimiento y la flexibilidad organizacional.

*¿Qué es más fácil construir; un edificio o un procedimiento?*
Al observar esos edificios antiguos, majestuosos, que imponen con su presencia y tienen más de 100 años en pie, nos surge una inquietud: *¿qué es más fácil construir; un edificio o un procedimiento?* Después de analizarlo, hemos llegado a la conclusión de que es más fácil construir un edificio que un procedimiento. Le explicaremos por qué.

Un edificio que fue construido hace más de un siglo sigue firme, funcionando, resistiendo el paso del tiempo. En cambio, cuando se diseña un procedimiento —tome como ejemplo el proceso de ventas— no pasa ni una semana antes de que algo en ese procedimiento falle. Si una venta es de contado, puede que el dinero desaparezca. Si se entrega el producto al cliente, existe la posibilidad de que se le entregue un artículo o cantidad incorrectos. Incluso, si un cliente llega con la intención de comprar algo, puede que ese producto no esté en inventario y la venta se pierda.

El edificio fue construido y, después de 100 años, sigue en pie. El procedimiento fue diseñado y, en menos de una semana, ya presenta fallos. Por esta razón, decimos que es más fácil construir un edificio que diseñar un proceso.

La razón detrás de ello radica en la especialización. Para construir un edificio, no se recurre a cualquier persona; es el trabajo de un profesional calificado, un ingeniero civil. Este profesional ha estudiado y se ha preparado ampliamente para garantizar que su obra dure muchos años. Gracias a la inteligencia y el conocimiento del ingeniero, se evitan fallos de diseño que podrían comprometer la estructura del edificio.

Ahora, ¿qué sucede cuando se construye un proceso? En este caso, muchas veces no participan especialistas. Sigamos con el ejemplo del proceso de ventas: ¿qué hacen los responsables de la empresa? Llaman a dos o tres de los mejores vendedores para que diseñen el proceso. Pero ¿qué saben los vendedores sobre la construcción de procesos? Probablemente nada. Ellos son excelentes vendiendo, pero no están formados para diseñar procedimientos operativos.

Aquí es donde se necesita lo que nosotros llamamos «*ingenieros en la construcción de procesos*». Son personas que analizan minuciosamente todo el flujo del proceso, identifican sus puntos débiles y establecen controles efectivos, tal como lo hace un ingeniero civil cuando calcula la capacidad de carga de las columnas y determina los materiales adecuados para la construcción del edificio. En términos de control interno, estos «*ingenieros*» identifican los riesgos y diseñan los controles que los mitigan.

Ojalá fuera tan fácil diseñar procesos como construir edificios, así las empresas tendrían menos fallos operativos.

## La colusión entre dos personas es suficiente para romper cualquier medida de control.

> *La colusión entre dos personas puede desbaratar cualquier control interno y demostrar que, más allá de los sistemas robustos, lo que realmente asegura la efectividad de los controles es la ética, la supervisión y la capacitación continua.*

**La colusión entre dos personas es suficiente para romper cualquier medida de control.**

La colusión, entendida como el acuerdo entre dos o más personas para vulnerar los controles establecidos, representa una de las mayores amenazas al sistema de control interno. A diferencia de fallas individuales, la colusión anula los controles, pues estos, en su mayoría, están diseñados para detectar o prevenir errores humanos o actos no intencionados, pero no para resistir una colaboración intencional entre individuos.

Ejemplos típicos son la manipulación de inventarios entre un supervisor de almacén y un contador o, la aprobación fraudulenta de pagos entre un empleado de cuentas por pagar y un proveedor. Situaciones como estas demuestran lo fácil que puede ser para dos personas eludir controles básicos cuando existe acuerdo y coordinación.

Aun cuando los controles internos incluyen múltiples niveles de supervisión y aprobación, la colusión puede superar incluso estos niveles, ya que los procesos de revisión se sustentan en la independencia de cada participante. La colaboración entre personas con acceso a distintas fases del proceso puede permitirles manipular información, ocultar evidencias o falsificar documentos sin ser detectados fácilmente.

En este contexto, la importancia de una cultura organizacional basada en principios éticos sólidos se vuelve esencial para disuadir la colusión. Aunque los controles son fundamentales, también es necesario fortalecer el compromiso ético de los empleados. Quienes creen en la integridad organizacional y se identifican con los valores de honestidad y responsabilidad están menos inclinados a involucrarse en actividades fraudulentas.

Existen también estrategias prácticas para mitigar el riesgo de colusión. Entre ellas, destacan las auditorías sorpresivas, la rotación de personal en funciones críticas, la creación de canales de denuncia anónima y el uso de herramientas de análisis de datos que detecten patrones de actividad anómalos. Además, el monitoreo constante puede actuar como un disuasivo poderoso, ya que las personas tienden a actuar de manera más correcta cuando saben que están siendo observadas.

Si bien es imposible eliminar por completo la posibilidad de colusión, es posible reducir los riesgos. La segregación de funciones y la rotación periódica de roles en tareas sensibles limitan el impacto y la duración de la colusión, en caso de que ocurra, y aumentan la dificultad de sostenerla a largo plazo.

Este precepto subraya la fragilidad inherente de los controles internos frente a la colusión. Sin embargo, mediante una combinación de controles estructurales, un fuerte enfoque ético y estrategias de prevención, es posible construir un sistema más resistente a esta amenaza.

**Un ejemplo de fracaso: colusión en una distribuidora de alimentos.** En una distribuidora de alimentos precocidos y congelados, con una fábrica de producción y nueve centros de distribución, se detectó un fraude en uno de sus centros de distribución que operaba como un punto crítico dentro de la cadena. La empresa, con ventas anuales que alcanzan los 3 millones de euros y un total de 150 empleados distribuidos entre la fábrica y los centros de distribución, confiaba en un sistema de control interno que, aunque presente, no era suficiente para prevenir un ilícito de esta magnitud.

El incidente ocurrió en un centro de distribución con 15 empleados, donde dos de ellos, el supervisor de almacén y un vendedor, coludieron para desviar productos de alta demanda, como carnes precocidas y vegetales congelados premium. El vendedor, encargado de registrar las ventas, comenzaba a registrar transacciones ficticias de productos que, en realidad, nunca se entregaban a los clientes. Mientras tanto, el supervisor autorizaba la salida de estos productos del inventario sin reflejar una pérdida en el sistema, lo que evitaba que se registraran como mermas o faltantes.

La colusión entre estos dos empleados fue posible debido a varias deficiencias en los controles internos. En primer lugar, la alta rotación de productos, junto con las mermas naturales que ocurren debido a la caducidad y la dificultad para gestionar el almacenamiento adecuado de productos congelados, hacía que las discrepancias entre inventarios y ventas fueran difíciles de detectar. Además, el centro de distribución no contaba con auditorías sorpresivas ni con un proceso de monitoreo constante que pudiera haber señalado un comportamiento anómalo.

Lo que permitió que este fraude pasara desapercibido durante ocho meses fue la falta de capacitación adecuada sobre el control interno y la ética empresarial. Aunque la empresa contaba con controles establecidos, estos no fueron suficientes para generar un ambiente de alerta o prevenir el comportamiento irregular de los empleados. La falta de preparación y concientización sobre la importancia de los controles hizo que los empleados no informaran ninguna irregularidad, a pesar de que tanto el supervisor como el vendedor mostraban señales evidentes de un aumento inusual en su nivel de vida durante este tiempo.

El caso finalmente salió a la luz cuando los indicadores de la oficina central mostraron un aumento inexplicable en el abasto de productos en ese centro de distribución, mientras que las ventas no crecían en la misma proporción. Ante esta discrepancia, se realizó una auditoría repentina, que reveló lo que ya se sospechaba: un fraude sistemático entre el supervisor y el vendedor, que había desviado productos durante meses sin ser detectado.

Este caso destaca la necesidad de un enfoque integral en el control interno, que no dependa únicamente de los sistemas automáticos, sino que también tome en cuenta la capacitación continua del personal, auditorías sorpresivas, una cultura organizacional ética, un sistema de denuncias efectivo y la rotación frecuente de personal en funciones estratégicas. Lamentablemente, el fraude fue detectado a través de una medida reactiva, cuando, con un enfoque proactivo y consistente de control interno a lo largo de toda la organización, podría haberse prevenido. La falta de medidas preventivas permitió que la colusión se mantuviera durante meses, lo que afectó gravemente la rentabilidad de la empresa.

## El control interno pierde fortaleza si no se adapta al crecimiento de la empresa.

*El control interno debe evolucionar con el crecimiento empresarial para garantizar sostenibilidad, delegación efectiva y resiliencia, y evitar que el éxito dependa exclusivamente de una persona.*

**El control interno pierde fortaleza si no se adapta al crecimiento de la empresa.**

A medida que las empresas crecen, el control interno enfrenta desafíos más complejos. En una organización pequeña, los procesos son más sencillos y es más fácil mantener una supervisión cercana sobre cada transacción y actividad. Sin embargo, al aumentar el tamaño de la empresa, crece también la cantidad de operaciones, departamentos, personas y sistemas involucrados. Este crecimiento, si no es acompañado de una estructura adecuada, puede generar dispersión en los controles, lo que da lugar a mayores oportunidades para errores, omisiones y fraudes.

La debilidad en el control interno de grandes organizaciones proviene también de la delegación excesiva de responsabilidades sin una supervisión efectiva. A medida que se crean más capas de administración, se puede perder la claridad en los roles y la rendición de cuentas. Además, el exceso de burocracia tiende a hacer que los controles se perciban como meros trámites, en lugar de herramientas para mitigar riesgos. Por ello, en empresas de gran tamaño, es vital reforzar el monitoreo y la automatización de controles, sin descuidar el factor humano, para mantener la efectividad del sistema de control interno.

Otro reto que enfrentan las grandes empresas es la resistencia al cambio. Los controles internos pueden volverse obsoletos si no se adaptan a los nuevos riesgos que surgen conforme la empresa crece. La lenta actualización de los controles en el proceso, sumada a una posible desconexión entre la alta dirección y las operaciones diarias, crea una brecha que debilita el control interno. Por ello, las empresas grandes deben estar conscientes de estos riesgos inherentes y actuar proactivamente para evitar el deterioro de su control interno.

*El control interno ayuda a delegar*

En las empresas pequeñas, es común que el propietario desempeñe un papel central en la operación diaria. Esta cercanía le permite tener control directo sobre las transacciones más críticas, pero también puede generar desconfianza hacia los empleados, lo que limita la capacidad de delegar responsabilidades. Esta dinámica crea un círculo vicioso: el propietario realiza personalmente las tareas clave por miedo a errores o posibles fraudes, lo que, aunque brinda cierta seguridad en el corto plazo, impide el crecimiento de la empresa. Sin una estructura para delegar, la organización tiende a estancarse y a limitar su desarrollo.

El control interno es la herramienta que rompe este ciclo al proporcionar un marco de orden y confianza. Cuando los dueños comprenden que para crecer necesitan delegar funciones, el control interno actúa como el mecanismo que da soporte a este cambio. A través de procesos bien definidos, políticas claras y evidencias verificables, los empleados pueden realizar sus actividades con la seguridad de que su trabajo será monitoreado de manera justa y objetiva. Esto no solo reduce el riesgo de errores o fraudes, sino que también incrementa la productividad al liberar al propietario de tareas operativas para que pueda concentrarse en decisiones estratégicas.

Un sistema de control interno efectivo incluye la creación de procedimientos estandarizados para las tareas más críticas. Por ejemplo, cuando un empleado realiza una transacción, debe generar y conservar la documentación correspondiente, como recibos, facturas o reportes. Posteriormente, otro empleado, o incluso un auditor, puede revisar estas evidencias para verificar la exactitud y la integridad de las operaciones. Este proceso de revisión garantiza la calidad del trabajo y fomenta una cultura de responsabilidad entre los empleados, ya que saben que su labor será evaluada.

Además, la delegación, sustentada en un control interno robusto, permite identificar y desarrollar el talento dentro de la organización. Al confiar en los empleados para manejar responsabilidades mayores, se les da la oportunidad de crecer profesionalmente y de asumir roles de liderazgo en el futuro. Este crecimiento beneficia tanto a los empleados como a la empresa, que gana en eficiencia y estabilidad a medida que su personal adquiere experiencia y habilidades.

El control interno contribuye, también, a la sostenibilidad del negocio al crear un entorno donde las actividades no dependen exclusivamente de una persona. Esto significa que, si el dueño o un empleado clave no está disponible, los procesos pueden continuar sin interrupciones significativas. La delegación organizada, respaldada por controles adecuados, impulsa el crecimiento y fortalece la resiliencia de la empresa frente a cambios o imprevistos.

El control interno reduce los riesgos y errores, y actúa como un habilitador clave para el crecimiento empresarial. Facilita la delegación de manera ordenada y confiable, lo que permite que las empresas dejen de depender exclusivamente de sus dueños para transformarse en organizaciones estructuradas, sólidas y capaces de enfrentar los retos que el crecimiento implica.

**Un ejemplo de fracaso: el negocio de tacos.**
México, conocido por su rica gastronomía, tiene en el taco uno de sus platillos más representativos. Este alimento, versátil y popular, puede servirse con una diversidad de guisos, lo que ha dado lugar a una abundancia de negocios de tacos en todo el país. En Monterrey, Nuevo León, existió un negocio de tacos nocturno que destacó por su calidad y éxito durante más de 25 años.

El establecimiento, operado por un empresario de más de 65 años, fue un referente en la ciudad. Gracias al sabor excepcional de sus tacos y a la eficiencia en el servicio, este negocio superaba constantemente a la competencia. Las filas para comprar eran interminables, lo que evidenciaba su aceptación y prestigio. A pesar de contar con un equipo de más de diez empleados, el dueño mantuvo siempre el control absoluto de todas las decisiones y operaciones críticas. Aunque su negocio gozaba de estabilidad y éxito, nunca expandió sus operaciones a un segundo punto de venta.

Sin embargo, este modelo centrado exclusivamente en la figura del propietario resultó insostenible. Con el paso del tiempo, el empresario enfermó y se vio obligado a cerrar el negocio. En menos de un mes, la empresa que había construido con esfuerzo durante más de dos décadas dejó de operar. Los empleados perdieron su trabajo, y los clientes que alguna vez hicieron filas para disfrutar de sus tacos quedaron sin una de sus opciones preferidas.

Desde una perspectiva de control interno, este caso es un claro ejemplo de cómo la falta de delegación y la ausencia de procesos estructurados pueden comprometer el crecimiento y la sostenibilidad de un negocio. El empresario tenía los elementos más difíciles de lograr: un producto altamente aceptado y una marca reconocida. Sin embargo, no desarrolló un sistema que permitiera a sus empleados asumir mayores responsabilidades ni implementó controles que garantizaran la continuidad del negocio más allá de su presencia. En lugar de aprovechar el potencial de su equipo y el prestigio de su marca, optó por centralizar todo el poder y la toma de decisiones, lo que dejó a la empresa vulnerable ante cualquier eventualidad.

En un escenario donde se hubiera aprovechado plenamente el potencial del control interno, este habría permitido al empresario institucionalizar su operación. La implementación de procedimientos claros, la definición de roles específicos y la creación de sistemas de supervisión efectiva habrían facilitado la expansión del negocio mediante la apertura de nuevos puntos de venta. Al mismo tiempo, el personal habría estado mejor preparado para asumir responsabilidades de forma autónoma y pudo haber asegurado la continuidad de las operaciones. De este modo, el negocio habría podido trascender la figura del propietario, preservar su legado y garantizar la estabilidad laboral de sus empleados incluso en su ausencia.

El control interno no es solo una herramienta para mitigar riesgos; es un catalizador del crecimiento sostenible y una base sólida para la resiliencia empresarial. Ignorarlo es como construir un castillo sin cimientos: puede ser majestuoso, pero basta un solo golpe para que se derrumbe. En el caso del negocio de tacos, el éxito inicial fue insuficiente porque carecía de los fundamentos necesarios para perdurar. ¿Qué tan lejos puede llegar una empresa que depende únicamente de una persona? La respuesta está en su capacidad para delegar y construir estructuras que trasciendan a sus líderes.

## El control interno no es una cuestión cultural.

*El control interno es un sistema estructurado que trasciende la cultura, y su efectividad se sostiene en la solidez operativa de la empresa y en la manera en que su entorno enfrenta los riesgos.*

**El control interno no es una cuestión cultural.**

Si el control interno fuera una cuestión cultural, su implementación en ciertas empresas sería imposible. Para entenderlo mejor, hagamos una analogía: en Japón, dar una propina es considerado un acto ofensivo, mientras que en México es una práctica bien vista e incluso esperada. Estas diferencias no son producto de una normativa escrita, sino de la cultura arraigada en cada país. Ahora bien, intentar imponer la propina en Japón sería prácticamente imposible, del mismo modo que eliminarla en México resultaría inviable.

Si el control interno dependiera de la cultura organizacional, debería comportarse de la misma manera que la propina: en algunas empresas sería completamente inaceptable, mientras que en otras surgiría de manera natural. Sin embargo, la realidad demuestra lo contrario. El control interno no es una costumbre ni un valor subjetivo que varía de una organización a otra; es un sistema estructurado que, cuando está bien diseñado, puede implementarse en cualquier empresa sin importar su entorno cultural.

Lo que sí influye en la solidez del control interno es el «ADN» de la empresa, es decir, la forma en la que está construida su estructura operativa. Si una empresa tiene procesos bien definidos, roles claros y controles establecidos, su control interno será fuerte. En cambio, si su operación es desordenada y carece de estándares, su control interno será débil, sin importar qué tan buena sea su cultura organizacional.

El control interno no se reduce una cuestión cultural, pero la mentalidad y los valores que integran el «ADN» de una empresa juegan un papel fundamental. Un sistema de control interno sólido surge del equilibrio entre un diseño meticuloso de procesos y una cultura organizacional comprometida. Es en esta sinergia donde la estructura técnica y la mentalidad de las personas se potencian, lo que permite que, aunque el sistema no dependa exclusivamente de la cultura, ésta lo refuerce y lo impulse hacia una mayor eficacia y evolución.

*¿Los riesgos son culturales?*

Sí, los riesgos pueden considerarse culturales porque su impacto y frecuencia están influenciados por las normas, valores y comportamientos de una sociedad. En otras palabras, el riesgo en sí mismo existe de manera objetiva, pero la forma en que una cultura actúa frente a él determina si se amplifica o se mitiga.

Por ejemplo, en Japón, la cultura enfatiza la honestidad y el respeto por los bienes ajenos. Si una persona olvida una pertenencia en el metro, es probable que la recupere, ya sea esperando a que el vagón regrese o acudiendo al centro de objetos perdidos. En este caso, el riesgo de pérdida existe, pero la cultura japonesa lo minimiza al fomentar un comportamiento social que protege las pertenencias de los demás.

En contraste, en México, la percepción social sobre los objetos extraviados es distinta. Si alguien deja olvidada una pertenencia en el metro, es probable que al regresar ya no la encuentre. Aquí, el mismo riesgo de pérdida se ve magnificado por factores culturales, como una menor expectativa de devolución y una actitud más permisiva hacia la apropiación de lo ajeno.

Por lo tanto, los riesgos son culturales porque dependen de la forma en que una sociedad los afronta. Aunque el control interno es un concepto universal que puede aplicarse en cualquier lugar, su efectividad varía según la cultura que lo rodea. Una cultura que fomenta la responsabilidad y el respeto por las reglas ayuda a fortalecer el control interno, mientras que una cultura más permisiva con el incumplimiento de normas puede debilitarlo.

## Por el valor y el costo del control interno

## El control interno se construye, no se compra.

*El control interno es un proceso que se construye gradualmente dentro de la organización, fortalecido por la cultura empresarial y el compromiso de la alta dirección, no algo que se pueda comprar.*

**El control interno se construye, no se compra.**
El control interno no es un bien que se pueda adquirir, sino un proceso que se construye de forma gradual dentro de la organización. Este proceso está profundamente influenciado por la cultura organizacional y el entorno en el que la empresa opera. Desde su nacimiento, una empresa cuenta con un control interno básico (primitivo), el cual desarrolla, moldea y fortalece su propio carácter a medida que la organización crece. Sin embargo, es importante señalar que en algunas empresas el control interno nunca alcanza su madurez. Esto puede deberse tanto a una cultura que no promueve su desarrollo como a la falta de un interés real por parte de la alta dirección en fortalecerlo.

Cuando el control interno se encuentra en su fase inicial, su flexibilidad es una característica que puede ser tanto positiva como negativa. Si bien tiene la capacidad de moldearse según las necesidades de la empresa, también es más susceptible a desviarse de su propósito fundamental. De esta manera, la empresa tiene en sus manos la posibilidad de construir un control interno sólido, como una muralla impenetrable, o bien, uno débil y fácil de vulnerar.

La clave para que el control interno se desarrolle y madure reside en el compromiso de la alta dirección. Si la alta dirección muestra interés y pone en marcha políticas claras, instruye y capacita a los empleados en la importancia del control interno, entonces este se irá fortaleciendo de manera constante. En caso contrario, el control interno no logrará evolucionar, y su eficacia será limitada.

*La analogía con el ser humano*

Para ilustrar este concepto, podemos recurrir a una analogía con el ser humano. Supongamos que una persona atraviesa una crisis emocional y se siente profundamente triste. Aunque no puede «comprar» la felicidad, puede acudir a un psicólogo, quien, a través de una serie de consultas, lo guía en su proceso de sanación. Con el tiempo, la persona logra ver la vida de manera diferente y experimenta una transformación positiva: ahora vive feliz.

A pesar de que el psicólogo cobró por sus servicios y la persona ahora vive feliz, no se puede afirmar que la felicidad se haya comprado. La felicidad la construyó el paciente desde dentro de sí mismo, gracias al trabajo que realizó con el apoyo del psicólogo.

*La empresa también debe construir su control interno*

De manera similar, cuando una empresa atraviesa una crisis organizacional, como un caos administrativo, puede buscar el apoyo de un experto, como un consultor de control interno. El consultor puede recomendar una serie de ajustes y mejoras organizacionales, y, con el tiempo, la empresa comienza a salir de la crisis. La administración se estabiliza, el control interno mejora y la empresa logra prosperar.

No obstante, aunque la empresa haya pagado por los servicios del consultor y haya salido adelante, no se puede decir que haya «comprado» el control interno. La empresa, al igual que el paciente, es la que construyó su propio control interno, solo que en este caso necesitó la orientación de un experto para lograrlo.

El control interno es un proceso continuo que debe ser construido y reforzado desde dentro de la empresa. Si bien los consultores y expertos pueden ofrecer la orientación necesaria, la verdadera construcción del control interno depende de la cultura organizacional, el compromiso de la alta dirección y la participación de todos los empleados. Como una muralla que se erige ladrillo por ladrillo, el control interno crece y se fortalece con el tiempo, no es algo que se pueda comprar de un día para otro.

## El control interno cuesta, debe invertirse en él.

*El control interno es una inversión esencial que va más allá de los costos económicos, ya que implica un cambio cultural profundo que mejora la eficiencia y sostenibilidad organizacional.*

**El control interno cuesta, debe invertirse en él.**

El control interno es una inversión esencial para la salud organizacional, no una carga o gasto innecesarios. Muchas veces, las empresas perciben los sistemas de control como una obligación que reduce las ganancias a corto plazo. Sin embargo, esta visión es incorrecta. El control interno protege a la empresa de riesgos, fraudes y errores, y asegura que los procesos se realicen de manera eficiente, para que estos cumplan con los estándares establecidos y para que faciliten el camino para la toma de decisiones.

El costo inicial de implementar y mantener un sistema de control interno puede ser significativo. Esto incluye la contratación de personal especializado, la capacitación continua, la implementación de tecnología adecuada, la auditoría interna, y el monitoreo constante de los procesos. Sin embargo, estos costos no son un gasto, sino una inversión que retorna beneficios a largo plazo.

Al no invertir lo necesario en control interno, las empresas están expuestas a riesgos que pueden resultar mucho más costosos a largo plazo, tales como fraudes, sanciones legales, pérdidas operativas o daños a su reputación. El costo de la omisión o negligencia en el establecimiento de controles adecuados puede superar ampliamente la inversión inicial. Por ejemplo, un pequeño error no controlado puede desencadenar un efecto dominó de problemas que afecten los resultados financieros y la credibilidad ante clientes, proveedores y autoridades.

Un sistema de control interno eficaz mejora la eficiencia operativa. Al reducir la probabilidad de errores, fallos y fraudes, se optimizan los recursos y se maximizan los resultados. En este sentido, el control interno es solo un mecanismo de prevención que actúa, además, como una herramienta para la mejora continua.

La clave está en entender que un sistema de control interno robusto es una inversión estratégica que contribuye al crecimiento y la sostenibilidad de la organización. Así como se invierte en la adquisición de maquinaria, equipos o tecnología, invertir en control interno es invertir en la protección y la eficiencia de todos los procesos.

Por último, la inversión en control interno también permite a las empresas contar con una mayor capacidad para adaptarse a los cambios y afrontar crisis o auditorías externas con confianza. La seguridad que proporciona un control interno bien diseñado y ejecutado es una de las mayores ventajas competitivas que una organización puede tener.

El costo no solo es económico, también existe un costo intrínseco que obliga al cambio de cultura, a modificar la forma de ver las operaciones, y lo más importante: debe cambiarse la forma de pensar.

Este cambio cultural es uno de los aspectos más difíciles de lograr y, a menudo, el que más cuesta a la organización. No se trata solo de implementar controles en los procesos o de contar con las herramientas adecuadas, sino de interiorizar que los controles son una forma de trabajar y pensar que deben ser adoptados por todas las personas en la organización. Un ejemplo claro de este cambio de cultura lo viví en un caso personal.

*Aquí los detalles*

En una ocasión, un albañil fue a mi casa para construir una nueva recámara. Antes de su llegada, me aseguré de tener todos los materiales que él había solicitado: arena, cemento, bloques, varillas, entre otros. El lunes siguiente, cuando comenzó su trabajo, no pude estar presente debido a mis obligaciones laborales. Al llegar por la noche, vi que ya había utilizado parte de los materiales, y asumí que había avanzado. Y lo comprobé al inspeccionar el lugar, pues noté que los pozos para los cimientos de las columnas ya estaban hechos, las varillas estaban puestas y cubiertas con cemento, pero lo que más me sorprendió fue que todo a su alrededor estaba tan limpio como si no hubiera trabajado allí en todo el día. Incluso las herramientas, que él dejaba en el mismo lugar cada jornada, se mantenían casi nuevas, sin rastro de cemento pegado.

Este comportamiento se repitió durante toda la semana. A pesar de que el albañil avanzaba con su trabajo, al final de cada jornada, el lugar estaba impecable. Al llegar el sábado, el día en que podía estar en casa y observar de cerca, le expresé mi admiración por lo limpio y bien hecho que era su trabajo. Él me explicó que desde que comenzó como albañil, cuando era adolescente, su patrón le había enseñado la importancia de mantener limpia el área de trabajo y sus herramientas. Si no lo hacía, el concreto que quedaba adherido a las herramientas se hacía casi imposible de limpiar con el tiempo, lo que afectaba tanto su trabajo como la calidad de sus herramientas. Este hábito de limpieza era una obligación que él mismo se imponía y, al mismo tiempo, una manera de reflejar la calidad de su trabajo ante el cliente. Con el tiempo, adoptó tanto esta práctica que la realizaba de forma instintiva; si por alguna razón omitía limpiar su espacio o herramientas, experimentaba una sensación de incomodidad.

Este ejemplo ilustra perfectamente cómo un cambio cultural puede tener un impacto significativo en el desempeño de una persona, y por extensión, en toda una organización. Si el control interno se irradia a todos los niveles de la empresa, lograremos que las personas adopten esa mentalidad de «limpieza» como un hábito interno que guía sus acciones cotidianas.

Lo interesante de este cambio cultural es que no siempre es fácil ni rápido, y muchas veces es el costo intrínseco del control interno que más pesa. Más allá del gasto económico, lo que realmente cuesta es el tiempo, la paciencia y el esfuerzo para lograr que todos los miembros de la organización vean el control interno como una forma de trabajo, no como una imposición. Pero, cuando este cambio se logra, se refleja en todos los aspectos de la operación, y el control interno se convierte en una segunda naturaleza para todos los involucrados, como lo fue la limpieza para el albañil. En mi opinión, este cambio es el que más puede costarle a una organización, mucho más que cualquier costo económico asociado a la implementación de los controles.

## El control interno aporta valor desde su implementación.

*El control interno, como inversión estratégica, aporta valor desde su inicio al mejorar la organización, reducir riesgos, fomentar la sostenibilidad y fortalecer la transparencia y la eficacia operativa a largo plazo.*

**El control interno aporta valor desde su implementación.** Con frecuencia, los recortes de personal en las organizaciones afectan de manera desproporcionada al departamento de control interno, que suele ser uno de los primeros en estar en la mira de estos ajustes. Este fenómeno refleja una percepción errónea: el control interno es visto como un gasto operativo, y no como una inversión estratégica capaz de aportar valor sostenible a largo plazo.

Esta distorsión se debe, en gran medida, a que muchas empresas operan con un modelo de control interno primitivo y reactivo. En tales casos, el departamento de control interno limita su actuación a la identificación de problemas existentes, sin plantear soluciones efectivas que contribuyan a la mejora continua. Además, los informes generados por este departamento suelen carecer de la visibilidad necesaria para influir en las decisiones de la alta dirección. En consecuencia, el control interno es percibido como un proceso accesorio en lugar de una función estratégica.

*Dependencia y desalineación organizacional*

Otro factor que perpetúa esta percepción es la dependencia excesiva del departamento de control interno respecto al área de Finanzas. Esta subordinación limita su alcance e independencia, ya que la dirección financiera prioriza la gestión de recursos económicos sobre la supervisión integral de las operaciones. En este contexto, el control interno carece del reconocimiento necesario para desarrollar su verdadero potencial, lo que hacer que se refuerce la noción de que no genera valor tangible.

*Transformación hacia un control interno fortalecido*

Para que el control interno sea una fuente de valor, debe evolucionar hacia un modelo proactivo y estratégico. Esto implica:

- *Informes efectivos y propositivos:* no basta con identificar riesgos o señalar problemas; es indispensable generar informes que incluyan propuestas viables para mitigar riesgos, mejorar procesos y alcanzar objetivos organizacionales.
- *Diálogo con la alta dirección:* una relación fluida con los niveles estratégicos es clave para garantizar que las recomendaciones del control interno se consideren en la toma de decisiones.
- *Colaboración interdepartamental:* el control interno debe integrarse como un socio estratégico en todas las áreas clave y fomentar sinergias que potencien la eficacia operativa y la transparencia.

*Aportes tangibles e intangibles*

Es un error esperar que el control interno genere un retorno de inversión inmediato tras su implementación. Los beneficios iniciales suelen ser intangibles: mejor organización, mayor armonía entre el personal, una comunicación más eficiente y una reducción de fallas operativas. Sin embargo, estos resultados intangibles sientan las bases para beneficios económicos sostenibles a largo plazo, siempre y cuando el sistema se mantenga con un monitoreo constante y se refuerce mediante la estandarización de procesos.

*Reconocer el valor estratégico del control interno*
Cuando el departamento de control interno adopta un enfoque proactivo y colaborativo, se convierte en un pilar fundamental para la sostenibilidad y el crecimiento organizacional. Esto requiere un cambio de mentalidad en las empresas, por lo que debe reconocerse que el control interno no solo protege los intereses de la organización, sino que contribuye activamente a su éxito.

En última instancia, la clave está en construir una cultura organizacional que valore la transparencia, la eficacia y la mejora continua, y que entienda que el control interno es una inversión que transforma la manera en que la empresa opera y se proyecta hacia el futuro.

## El control interno genera una ventaja competitiva.

*Un control interno sólido y comprometido transforma a la empresa en una organización más eficiente, segura y competitiva, y la eleva por encima de sus competidores.*

**El control interno genera una ventaja competitiva.**
Una ventaja competitiva es un atributo o conjunto de características que permite a una empresa superar a sus competidores y obtener un rendimiento superior en el mercado. En el contexto del control interno, una ventaja competitiva se refiere a cómo un

sistema de control robusto y bien implementado puede ayudar a la organización a operar de manera más eficiente, segura y confiable, lo que resulta en mejores resultados frente a la competencia.

Algunos ejemplos de cómo el control interno puede generar una ventaja competitiva son:

- *Eficiencia operativa:* un control interno eficaz ayuda a optimizar los procesos, reducir costos, evitar errores y fraudes, lo que se traduce en una mayor eficiencia operativa.
- *Confianza de los inversores y partes relacionadas:* un control interno sólido puede aumentar la confianza de los inversores, clientes, proveedores y otras partes interesadas, lo que favorece las relaciones comerciales y la estabilidad financiera de la empresa.
- *Cumplimiento normativo:* mantenerse dentro del marco legal y regulatorio, evita sanciones y litigios, lo cual también representa una ventaja competitiva, al evitar costos adicionales y proteger la reputación empresarial.
- *Mejora en la toma de decisiones:* un buen control interno facilita el acceso a información precisa y actualizada, lo que permite tomar decisiones más informadas y ágiles, y mejora la competitividad.

Para que el control interno genere efectivamente una ventaja competitiva, es necesario tener en cuenta todos los preceptos establecidos en «*El decálogo del control interno*». Algunos ejemplos clave son:

*Liderazgo de la alta dirección:* la alta dirección debe actuar como el pilar fundamental que motive y permee la ejecución del control interno en la empresa. «*El control interno carece de valor si a la alta dirección no le interesa o si desconoce los beneficios que puede brindar*».

*Análisis y evaluación de riesgos:* el buen análisis y evaluación de los riesgos, realizados por personal altamente calificado, fortalecen el control interno. *«El control interno no elimina el riesgo; lo mitiga».*

*Supervisión constante:* el control interno requiere atención continua para sostenerse y permitir que la empresa sobresalga. *«El control interno se desmorona si deja de supervisarse».*

*Medición y monitoreo:* la medición precisa es fundamental para determinar el alcance de los objetivos y evaluar nuestra posición frente a la competencia. Contar con herramientas de medición certeras nos permitirá adelantarnos. *«No se puede controlar lo que no se mide».*

**Un ejemplo de ventaja competitiva basada en el control interno.** Imagina dos empresas que operan en el mismo sector y tienen sistemas de control interno muy similares. Sin embargo, una de ellas ha establecido un compromiso y una cultura organizacional centrada en la mejora continua de sus procesos y en la capacitación constante de su personal en materia de control interno. Mientras tanto, la otra empresa tiene un sistema de control interno robusto, pero sin una verdadera inversión en la motivación o compromiso del personal para seguir y fortalecer esos controles.

Aunque ambas empresas cuentan con controles similares, la empresa que promueve activamente la motivación y el involucramiento del personal en la mejora de los controles tiene una ventaja competitiva más significativa. Esto se debe a que, además de tener los sistemas en su lugar, el personal está genuinamente comprometido en identificar áreas de mejora, seguir los procedimientos y asegurarse de que los controles sean efectivos. La motivación interna y el sentido de responsabilidad hacia el control interno permiten a la empresa adaptarse rápidamente a cambios y resolver problemas con más agilidad, lo que se traduce en un mejor rendimiento frente a la competencia.

La verdadera ventaja competitiva aquí no solo es tener un sistema de control interno establecido, sino la motivación y el compromiso del personal para hacer que esos controles funcionen de manera efectiva y constante. La motivación de los empleados a adherirse y mejorar los controles internos de manera proactiva puede generar una ventaja competitiva en términos de eficiencia, reducción de riesgos y capacidad de adaptación.

**México tuvo ventaja competitiva con respecto del resto de países del mundo**

En las olimpiadas de finales de los años 60 y 70, México logró destacar en la caminata atlética, conquistó medallas de oro y dejó atrás a potencias deportivas como la Unión Soviética y Polonia. Este dominio no fue casualidad: los atletas mexicanos habían encontrado una fórmula secreta que revolucionó su entrenamiento y les otorgó una ventaja competitiva única.

Todo comenzó cuando un atleta de élite descubrió, de forma inesperada, el impacto que la altitud podía tener en su rendimiento. La lección surgió durante un encuentro con una trabajadora en un mercado de abastos en la Ciudad de México. A pesar de su experiencia como deportista, quedó impresionado por la resistencia de esta mujer mayor, quien realizaba tareas físicas extenuantes sin mostrar fatiga. Intrigado, investigó su estilo de vida y descubrió que ella vivía y trabajaba en lo alto de un cerro, a miles de metros sobre el nivel del mar.

El atleta decidió probar esta forma de entrenamiento, y pasó semanas en las alturas para adaptarse a las condiciones extremas. Los resultados fueron asombrosos: su capacidad física mejoró drásticamente, y lo que antes parecía un desafío se convirtió en algo alcanzable. Con esta nueva estrategia, los deportistas mexicanos lograron dominar la caminata atlética durante varias ediciones de los Juegos Olímpicos.

Sin embargo, las ventajas nunca son eternas. Con el tiempo, los competidores internacionales observaron el éxito mexicano e investigaron sus métodos. Al descubrir el secreto del entrenamiento en altura, comenzaron a adoptarlo y, en pocos años, la ventaja competitiva que México había disfrutado dejó de ser exclusiva.

## El hecho de que una actividad no llegue a los registros contables no la exime del control interno.

> *Las actividades no registradas contablemente también requieren control, ya que impactan la reputación, cultura y operación de la organización, y pueden afectar su éxito a corto y mediano plazo.*

**El hecho de que una actividad no llegue a los registros contables no la exime del control interno.**

Las organizaciones pueden cometer el error de no controlar actividades que no se registran contablemente, bajo el argumento de que no afectan directamente el resultado económico de la empresa. Sin embargo, este enfoque limita el verdadero alcance del control interno, ya que una empresa no solo persigue objetivos económicos, sino que también debe proteger y promover su reputación, imagen ante clientes y proveedores, cultura organizacional, compromiso social y ambiental, y comunicación interna, entre otros aspectos. Todos estos elementos son intangibles, no se contabilizan, pero tienen un valor real para la organización.

Por ejemplo, no podemos cargar un monto específico a la cultura organizacional o al compromiso social, pero ambos se fortalecen y crecen con el cuidado y la atención adecuada. Actividades que no generan un rastro contable explícito pueden ser fundamentales para el éxito de la empresa. Un ejemplo claro de esto es la capacitación a nuevos ingresos.

*Caso práctico: la capacitación y su impacto*

Imaginemos dos escenarios en un proceso de inducción:

- En el primero, la capacitación a los nuevos empleados se realiza sin supervisión o sin un reporte claro de los avances. Esto impactará directamente en el desempeño de los empleados, quienes también percibirán una cultura organizacional sin supervisión, lo que podría llevarlos a asumir que no es necesario prestar atención o seguir reglas.
- En el segundo escenario, los nuevos ingresos son capacitados, evaluados y reciben retroalimentación. Si no superan el examen de capacitación, se les obliga a repetir el curso o se refuerzan las áreas donde tuvieron dificultades. Esto envía un mensaje claro: en la organización se presta atención a los detalles, y los procesos deben seguirse estrictamente. El empleado entenderá que hay reglas que debe cumplir y con esa filosofía continuará su trayectoria laboral.

En ambos casos, la actividad de capacitación no aparece en los registros contables. Sin embargo, el control que se ejerce sobre el proceso de capacitación tiene un impacto profundo en la organización, ya que influye en la cultura, la productividad y el ambiente laboral. Un proceso de contratación deficiente puede llevar a empleados inadecuados, baja productividad y un clima laboral tóxico, lo que impacta negativamente la cultura organizacional.

*Ejemplo adicional: etiquetado de productos en el almacén*

Otro ejemplo de una actividad que no se registra contablemente, pero que tiene un impacto relevante, es el etiquetado de productos en el almacén. La falta de control en este proceso puede generar desorganización, pérdida de inventario, o errores en los envíos. Aunque estos problemas no se reflejen directamente en los estados financieros, afectan la eficiencia operativa y la satisfacción del cliente, lo que a su vez puede repercutir en la reputación de la empresa.

*El reto de los diseñadores de procesos*

El verdadero reto para los *«ingenieros en la construcción de procesos»* radica en encontrar mecanismos efectivos para controlar actividades que no se contabilizan, pero que pueden generar un impacto significativo si se descuidan. Estos mecanismos deben asegurar que los procesos se realicen de la manera que más beneficie a la organización.

Existen indicadores que pueden medir elementos intangibles, como la reputación de la empresa, pero estos indicadores deben monitorearse de manera constante. Los resultados deben analizarse y las acciones correctivas deben tomarse con prontitud para mantener la buena marcha de la organización.

*Los sistemas ERP-BOIC*

En este contexto, los sistemas ERP-BOIC (ERP basados en el control interno operativo) ofrecen una solución integral. A diferencia de los sistemas ERP tradicionales, los ERP-BOIC están diseñados en torno a los principios del control interno operativo. Estos sistemas son rígidos, exigen que las empresas que los implementan cambien radicalmente su forma de gestión. No solo se vende un sistema, sino también una metodología de administración orientada a la eficacia operativa.

Un sistema ERP-BOIC considera todas las actividades de la organización, no solo aquellas que impactan las finanzas. Para este sistema, todas las actividades son importantes y requieren atención, ya que cada una de ellas puede, a corto o mediano plazo, impulsar o frenar a la organización en la consecución de sus objetivos. El éxito de una empresa depende de su capacidad para controlar de manera efectiva no solo los procesos financieros, sino también los operativos y organizacionales.

# CAPÍTULO 3
# PRINCIPIOS DEL DEPARTAMENTO DE CONTROL INTERNO

## Por la imparcialidad y la objetividad

## El departamento de control interno nunca emite un juicio.

*El departamento de control interno presenta hechos y evidencia objetiva, sin emitir juicios, y deja en manos de la alta dirección la responsabilidad de tomar decisiones y acciones correspondientes.*

**El departamento de control interno nunca emite un juicio.**
Emitir un juicio implica realizar un pronunciamiento que incluye una valoración de culpabilidad o responsabilidad. Según la Real Academia Española, en su primera acepción, se define *juzgar* como: «*Dicho de un juez o un tribunal: determinar si el comportamiento de alguien es contrario a la ley, y sentenciar lo procedente*». Con base en esta definición, el departamento de control interno debe abstenerse de emitir juicios sobre personas, procesos

o situaciones. Expresiones como *«esta persona robó»*, *«este procedimiento está mal»* o *«este proveedor nos está estafando»* sugieren una postura de juez, rol que no le corresponde desempeñar.

En lugar de emitir juicios, el departamento de control interno debe limitarse a presentar hechos y evidencias que demuestren si las acciones o los registros están alineados o no con las políticas, procedimientos, normativas y regulaciones vigentes, tanto internas como externas. Estos documentos forman el marco de referencia (criterios) objetivo sobre el cual el departamento basa sus informes. La labor del auditor es analizar el cumplimiento de dichos criterios sin caer en la subjetividad del juicio. Es la alta dirección quien tiene la responsabilidad de evaluar los informes y, con base en ellos, tomar las decisiones correspondientes, ya que es la única con la autoridad para juzgar y actuar en consecuencia.

*Por qué el departamento de control interno debe abstenerse de emitir juicios*

El rol del departamento de control interno es mantener la imparcialidad y objetividad en sus evaluaciones. Adoptar una postura de juez comprometería estos valores, ya que su función, lejos de señalar culpables o condenar acciones, se centra en presentar hechos sustentados en evidencia. Una intervención de este tipo podría hacer que el departamento pierda credibilidad al ser percibido como parcial o emocionalmente involucrado, lo que erosionaría la confianza que la organización debe tener en sus informes.

Además, emitir un juicio puede exceder las competencias del departamento de control interno, al invadir funciones que corresponden a la alta dirección o a instancias legales. Su labor se centra en detectar desviaciones y analizar su origen, mientras que la toma de decisiones y la imposición de sanciones corresponde a quienes tienen esa responsabilidad. Mantener esta delimitación asegura que el departamento cumpla su función con precisión y sin extralimitarse.

*Qué consecuencias trae que el departamento de control interno emita un juicio*

Si el departamento de control interno emite juicios, las consecuencias pueden ser graves. En primer lugar, se compromete su imparcialidad, y esto puede llevar a un conflicto de intereses. Las personas y los procesos afectados por estos juicios podrían considerar al departamento como un ente acusador, en lugar de un observador neutral, lo cual podría generar tensiones dentro de la empresa.

Además, un juicio emitido sin el debido respaldo jurídico o sin autoridad para hacerlo podría derivar en problemas legales para la empresa. Al asumir una postura de juez, el departamento de control interno podría ser señalado por difamación, daño a la reputación de empleados o terceros, o incluso por interferencia en procesos judiciales. Esto podría acarrear demandas legales o, en el mejor de los casos, una pérdida de legitimidad dentro de la organización.

Por otro lado, emitir juicios afectaría la relación entre el departamento de control interno y la alta dirección, pues la dirección es quien tiene la responsabilidad de juzgar y tomar decisiones basadas en los informes presentados. Si el departamento asume esa responsabilidad, podría desvirtuar su rol, afectar su independencia y reducir su utilidad dentro de la estructura empresarial.

## El departamento de control interno mantiene una postura imparcial cuando emite los resultados de sus revisiones; busca en todo momento la verdad.

*El departamento de control interno garantiza imparcialidad y verdad en sus revisiones, y basa sus resultados en evidencias objetivas para fortalecer la transparencia, la justicia y la protección de la empresa.*

**El departamento de control interno mantiene una postura imparcial cuando emite los resultados de sus revisiones; busca en todo momento la verdad.**

El departamento de control interno tiene la responsabilidad fundamental de emitir resultados que reflejen fielmente la realidad de los procesos revisados. Para ello, debe mantenerse imparcial y desligado de cualquier influencia interna o externa que pudiera alterar la objetividad de sus análisis. La imparcialidad no solo es un principio ético, sino también un requisito para asegurar que las conclusiones obtenidas sirvan de base para la toma de decisiones correctas, sin distorsionar la verdad en beneficio de intereses particulares. Esta independencia es clave para fortalecer la confianza tanto dentro de la organización como hacia partes externas interesadas.

La búsqueda de la verdad es una tarea que el departamento de control interno debe abordar con rigor, debe utilizar metodologías y técnicas que le permitan identificar con precisión las áreas de mejora, los riesgos y las deficiencias en los procesos evaluados. Es indispensable que los resultados de las revisiones se soporten con evidencias verificables y con criterios claros y fundamentados, y que se mantengan distantes de opiniones subjetivas o percepciones personales. Solo así es posible que las recomendaciones derivadas de estas revisiones contribuyan a un control interno más robusto para reducir la posibilidad de que se generen errores o fallas en el futuro.

El departamento debe recordar siempre que su misión, lejos de señalar culpables, debe ofrecer una visión clara y precisa de la situación de la empresa, y procurar siempre la justicia, la legalidad y la equidad. La imparcialidad en la emisión de sus reportes no significa indiferencia, sino una dedicación firme a los valores fundamentales de la ética y la honestidad, principios que el control interno debe anteponer a cualquier otro interés. Esto asegura que las recomendaciones proporcionadas estén enfocadas en la mejora continua de los procesos, y con ello reforzar el compromiso de proteger a la empresa y de promover una cultura organizacional de transparencia y responsabilidad.

*Preceptos del control interno estrechamente ligados con este principio:*

*El control interno es falible:* este precepto se relaciona con el principio porque enfatiza que, a pesar de la búsqueda de la verdad y la imparcialidad, el control interno siempre tendrá limitaciones. Reconocer la falibilidad del sistema es esencial para que el departamento de control interno mantenga su objetividad y evite caer en una falsa sensación de infalibilidad que podría desvirtuar sus conclusiones.

*El lado opuesto del control interno es la falla o error:* este precepto complementa el principio al destacar que la misión del control interno es prevenir fallas, y que, si la organización experimenta errores recurrentes, el control interno está fallando. La imparcialidad en la emisión de resultados ayuda a detectar dichas fallas, lo que permite su corrección oportuna antes de que deriven en problemas mayores.

*El control interno busca proteger a la empresa, pero antepone la justicia, la legalidad, la equidad, la ética, la honestidad y la honradez:* este es quizás el precepto más directamente relacionado con el principio, ya que la imparcialidad en la revisión y la búsqueda de la verdad son una extensión directa de los valores de justicia, equidad y ética que el departamento de control interno debe anteponer en su labor. Emitir reportes imparciales que reflejen la verdad está al servicio de estos valores fundamentales.

**Un ejemplo de fracaso: la parcialidad del departamento de control interno.**

Una empresa de logística, que cuenta con una flota de 30 tráileres, transporta mercancía a nivel nacional y atiende a cerca de 50 clientes, tiene un departamento de control interno cuya función es revisar el cumplimiento de los procesos críticos, tales como el mantenimiento de vehículos, la gestión de combustible, y la puntualidad en la entrega de mercancías.

En uno de los informes anuales, el departamento de control interno se encontraba revisando el desempeño de los operadores de los tráileres, particularmente enfocado en el consumo de combustible y las pérdidas no justificadas. El informe inicial mostraba inconsistencias significativas en el consumo de combustible de uno de los tráileres asignado a un operador con 17 años de antigüedad en la empresa y con una relación cercana a varios miembros de la dirección. En lugar de seguir un análisis riguroso y basado en las evidencias, el jefe del departamento, por respeto hacia el operador y para evitar descontentos con la alta dirección, suavizó los hallazgos en el reporte final. En lugar de señalar las discrepancias como riesgos críticos, las presentó como «variaciones normales» sin hacer una revisión a fondo de las causas.

El problema real salió a la luz meses después, cuando varios clientes empezaron a quejarse de retrasos y problemas en las entregas, lo cual generó pérdidas económicas y la amenaza de terminar los contratos. Una auditoría externa reveló que el operador en cuestión había estado desviando combustible durante meses, además de utilizar el tráiler para fines personales, lo que afectaba tanto los costos operativos como la puntualidad en los servicios. El departamento de control interno había fallado en señalar esta irregularidad de manera imparcial, y el problema escaló a niveles críticos debido a la omisión inicial.

*Consecuencias para la empresa y el departamento de control interno*

Las consecuencias fueron severas para la empresa. En términos económicos, la desviación de combustible y la pérdida de clientes importantes representaron una caída del 15% en los ingresos anuales. Además, la reputación de la empresa como proveedor confiable se vio seriamente afectada. Tres clientes grandes, que representaban el 30% de la cartera, terminaron su relación comercial con la empresa por la falta de transparencia y fiabilidad.

Para el departamento de control interno, la credibilidad interna se desplomó. Los otros departamentos comenzaron a percibir al equipo de control como ineficaz y proclive a favoritismos, lo cual comprometió futuras revisiones. La alta dirección, por su parte, intervino y solicitó la remoción del jefe de control interno y la contratación de una auditoría interna independiente para revisar todos los procesos y mejorar la supervisión de los tráileres.

La alta dirección obligó a rescindir el contrato con el operador del tráiler por las acciones ilícitas que realizó.

*Lecciones aprendidas*

Este incidente dejó varias lecciones importantes tanto para la empresa como para el departamento de control interno:

- *Imparcialidad absoluta:* el departamento de control interno debe actuar con total imparcialidad, sin permitir que las relaciones personales, sin importar su nivel jerárquico, interfieran con la precisión de los reportes. En este caso, la falta de objetividad no solo ocultó el fraude, sino que generó consecuencias financieras y operativas graves. La lección clave es que la búsqueda de la verdad no debe ser comprometida, sin importar quién esté involucrado.
- *Rigor en la evidencia:* el caso demostró que una revisión basada en suposiciones o juicios superficiales (o poco rigurosos) puede permitir que problemas importantes pasen desapercibidos. Los controles deben estar basados en datos objetivos y verificables, y las inconsistencias deben ser investigadas a fondo, sin importar lo que sugieran las apariencias o la antigüedad de los empleados involucrados.
- *Transparencia ante la alta dirección:* aunque el departamento de control interno debe mantener una relación colaborativa con la alta dirección, debe asegurarse de que esta relación no comprometa su independencia. En este caso, nos enseñó que las presiones internas no deben influir en la calidad de las revisiones. La alta dirección también aprendió que fomentar un control interno imparcial es en beneficio de toda la organización.

Los errores son oportunidades para aprender y mejorar cuando se abordan de manera constructiva, y esto fue lo que la empresa hizo. Decidió implementar controles adicionales para prevenir futuros conflictos de interés, como la revisión por pares y la rotación de los responsables de las auditorías internas. Además, reforzó la capacitación en ética y objetividad para todos los empleados del departamento de control interno, con el objetivo de restaurar la confianza en su labor.

## El departamento de control interno no evalúa a las personas, evalúa los procesos.

*La misión del departamento de control interno es evaluar procesos, no personas, lo que asegura la objetividad e imparcialidad y promueve mejoras operativas sin comprometer la confianza ni interferir en otras funciones organizacionales.*

**El departamento de control interno no evalúa a las personas, evalúa los procesos.**

La misión fundamental del departamento de control interno es evaluar y fortalecer los procesos de la empresa para asegurar que el control interno funcione de manera eficaz y eficiente. El foco del departamento no está en las personas que ejecutan los procesos, sino en cómo esos procesos están estructurados y qué tan alineados están con las políticas, procedimientos y normas de la organización. Es a través del análisis de los procesos donde se detectan debilidades, se sugieren mejoras y se protege la integridad operativa de la empresa.

La evaluación del desempeño de los empleados no es una responsabilidad del departamento de control interno. Esta tarea recae en el departamento de recursos humanos, que tiene la facultad de medir el rendimiento individual, proponer capacitaciones para incrementar las aptitudes y promover el crecimiento de los empleados dentro de la organización. Así, cada área cumple su función sin interferir en las competencias de la otra.

Este principio se conecta estrechamente con otro fundamental: «*el departamento de control interno nunca emite un juicio*». Emitir una evaluación sobre un empleado podría considerarse una forma de juicio, lo cual está fuera del alcance y la misión del departamento de control interno. Su rol es el de observador y analista de procesos, no el de evaluador de personas.

*Por qué el departamento de control interno no evalúa a las personas*

El departamento de control interno no evalúa a las personas porque su enfoque está en garantizar que los procesos se lleven a cabo conforme a los lineamientos establecidos. Evaluar el desempeño individual de los empleados no sólo desviaría la atención de su verdadera misión, sino que también implicaría un juicio que podría comprometer su objetividad.

Además, el análisis del comportamiento individual en un proceso no aporta el valor necesario para identificar las verdaderas causas de las debilidades en el control interno. Un proceso puede fallar debido a problemas de diseño, implementación o supervisión, más allá del desempeño de un solo empleado. Por lo tanto, lo que resulta crucial para el departamento es analizar el proceso en su conjunto, identificar fallos sistémicos y sugerir mejoras para fortalecer la operación.

*Qué consecuencias trae que el departamento de control interno evalúe a las personas*

Si el departamento de control interno comienza a evaluar a las personas en lugar de concentrarse en los procesos, esto podría acarrear varias consecuencias negativas. En primer lugar, se desviaría de su función principal, lo que podría llevar a la confusión sobre su verdadero propósito dentro de la organización. Esto podría debilitar la efectividad del departamento al diluir su enfoque y credibilidad como evaluador imparcial de los procesos.

Además, evaluar a las personas podría generar conflictos con otros departamentos, como recursos humanos, cuya tarea es precisamente la de medir y gestionar el rendimiento individual de los empleados. Esta superposición de funciones podría crear tensiones internas y causar duplicidad de esfuerzos, lo que afectaría la armonía organizacional.

Otra consecuencia sería el riesgo de dañar la relación de confianza que debe existir entre el departamento de control interno y los empleados. Si los empleados sienten que están siendo juzgados personalmente por el departamento, esto podría llevar a un ambiente de hostilidad o temor, lo que afectaría la colaboración y la transparencia en los procesos de auditoría.

Por último, la objetividad del departamento de control interno podría verse comprometida. Al evaluar a las personas, el departamento podría verse involucrado en juicios subjetivos que lo alejarían de su misión central de evaluar procesos de manera imparcial. Esto afectaría negativamente su capacidad para identificar problemas estructurales y promover soluciones efectivas para la mejora continua de los procesos en la organización.

## El departamento de control interno no protege a las personas, protege a la empresa.

*El departamento de control interno se enfoca en proteger a la empresa, y al hacerlo, también favorece indirectamente la seguridad y bienestar de las personas involucradas.*

**El departamento de control interno no protege a las personas, protege a la empresa.**
Un precepto fundamental del control interno establece que *«el control interno busca proteger a la empresa...»*. Esta debe ser la esencia del departamento de control interno; desviarse de este principio haría que se desenfocara de su verdadera misión. Aunque pueda parecer extraño afirmar que el control interno no protege a las personas, es esencial entender que todos los esfuerzos del departamento están dirigidos a mejorar los procesos, lo cual contribuye a que la empresa sea más segura y eficiente. La protección de los empleados recae, en primer lugar, en el área de seguridad industrial y, en su ausencia, en el departamento de recursos humanos; ambos tienen la responsabilidad de velar por su bienestar.

El enfoque del control interno se centra en la integridad y sostenibilidad de la empresa, y cualquier beneficio adicional que se derive de esos esfuerzos, como una mayor seguridad para las personas, es un resultado secundario y no el objetivo principal. Cuando se ajustan los procesos para facilitar un entorno de trabajo más seguro, se trata de un beneficio colateral. El departamento de control interno nunca debe perder de vista su misión principal: cuidar a la empresa. Por lo tanto, cualquier mejora que beneficie a los empleados, proveedores y clientes es un valor añadido.

*¿En realidad, el control interno no protege a las personas?*
Aunque el objetivo primordial del control interno es proteger a la empresa, esto no significa que ignore el bienestar de las personas. Al fortalecer los procesos y crear un entorno operativo más seguro y eficiente, el departamento de control interno indirectamente contribuye a la protección de los empleados y demás partes interesadas. Sin embargo, es fundamental que esta protección se entienda como un efecto derivado de su labor, y no como la razón principal de su existencia.

El departamento de control interno debe centrarse en la protección de la empresa, ya que un entorno empresarial sólido y seguro también beneficia a todos los involucrados.

## Por el enfoque en las causas y los procesos

## El departamento de control interno no busca culpables, se enfoca en identificar las causas raíz de las fallas en los procesos.

> *El departamento de control interno se enfoca en identificar las causas raíz de las fallas, al proponer soluciones efectivas y al fortalecer el control interno, en lugar de buscar culpables.*

**El departamento de control interno no busca culpables, se enfoca en identificar las causas raíz de las fallas en los procesos.**
Señalar las fallas sin comprender su origen no tiene sentido. Si en los informes del departamento de control interno solo se

identifican las fallas sin abordar las causas subyacentes, se está muy lejos de fortalecer el control interno. No basta con decir qué falló; es fundamental acompañar esa información con la identificación de la causa raíz y la propuesta de soluciones para evitar que se repitan en el futuro.

Imaginemos el siguiente escenario: en una auditoría, el auditor encuentra que, en el proceso de compras, una de las muestras revisadas carece de las tres cotizaciones requeridas, y se señala que un empleado omitió esta actividad. Sin embargo, al investigar más a fondo, se descubre que esta falla se debe a que el empleado es relativamente nuevo en la organización. En este contexto, señalar al empleado como culpable no aporta valor; lo verdaderamente significativo es informar que la falta de capacitación para los nuevos empleados es lo que ha llevado a que el proceso de compras falle.

El enfoque del departamento de control interno debe centrarse en identificar las causas de las fallas en los procesos, ya que esto permite proponer soluciones efectivas que fortalezcan el control interno y prevengan problemas futuros.

## El departamento de control interno no forma parte del engranaje que mueve a la empresa, siempre se mantiene retirado de la operación.

*El departamento de control interno se mantiene separado de las operaciones para preservar su independencia y garantizar una evaluación objetiva, sin involucrarse en los procesos ni en las decisiones diarias.*

**El departamento de control interno no forma parte del engranaje que mueve a la empresa, siempre se mantiene retirado de la operación.**

El departamento de control interno, como entidad de supervisión, mantiene una posición estratégica dentro de la estructura de la empresa al estar separado de las operaciones. Este principio destaca la necesidad de preservar su independencia funcional, lo cual le permite evaluar y monitorear los procesos empresariales sin prejuicios ni influencias directas de las actividades diarias. Al estar apartado del «engranaje» operativo, el departamento puede identificar de manera objetiva áreas de mejora, riesgos potenciales y posibles desviaciones en los controles establecidos, lo que contribuye a proteger la integridad de la empresa.

La separación de funciones operativas es crucial porque evita que el departamento de control interno se vea tentado o presionado a participar en decisiones diarias o a resolver problemas inmediatos que forman parte de la operación. Involucrarse activamente en la operación podría comprometer su capacidad para señalar irregularidades o deficiencias, además de exponerlo a conflictos de interés. Así, el departamento se convierte en un pilar de la transparencia y confiabilidad de los controles internos al no verse influido por factores de conveniencia operativa o urgencias que puedan surgir en el día a día.

Este distanciamiento también resalta el papel esencial del departamento como vigilante y promotor de la ética organizacional, el cumplimiento y la seguridad de los procesos internos. Como observador imparcial, su función es advertir y recomendar, no realizar ni ejecutar procesos operativos. Debe asegurar que las decisiones y las revisiones que realiza mantengan el enfoque en el cumplimiento de los principios de justicia, legalidad, equidad y transparencia. De este modo, el departamento de control interno se establece como una entidad que respalda a la empresa sin incidir directamente en el flujo operativo, y mantiene así la objetividad en su evaluación.

*Importancia de la segunda línea y de no involucrarse en la operación*
De acuerdo con modelos ampliamente aceptados, como COSO y el enfoque de las tres líneas propuesto por el IIA, el departamento de control interno representa la segunda línea: un concepto que subraya su rol como evaluador y revisor de los controles establecidos por las áreas operativas. A diferencia de la primera línea —que corresponde a los propios responsables de la ejecución de los procesos—, la segunda línea se concentra en asegurar que los controles se mantengan eficaces y en detectar a tiempo cualquier desviación o irregularidad que pueda comprometer los objetivos empresariales.

Este modelo es efectivo únicamente si el departamento se mantiene alejado de la operación, de modo que pueda evaluar con una visión externa y neutral. Su independencia funcional permite no solo una mayor capacidad de análisis y observación, sino que también incrementa la confianza en sus recomendaciones y decisiones, al no tener compromisos o preferencias operativas. Esto permite que el departamento actúe como un respaldo estratégico que observa y protege los intereses de la empresa, y se mantiene alejado de la complejidad operativa que podría nublar su juicio.

Finalmente, la distancia entre el departamento de control interno y la operación es lo que permite una función de monitoreo sin sesgos ni conflictos de interés. De esta manera, el control interno puede identificarse como una herramienta de soporte para la empresa en la detección de riesgos y la protección de su integridad, que funciona como un «refuerzo» a los controles de la primera línea. Esta posición asegura que las recomendaciones que se emiten no estén influenciadas por la presión de resolver problemas inmediatos, sino que se centren en el fortalecimiento a largo plazo de los procesos y la protección continua de la organización.

## El departamento de control interno no es un departamento preventivo; su función es de detección.

*El departamento de control interno fortalece la empresa al detectar y abordar fallas, pues impulsa mejoras operativas y asegura que las decisiones se basen en información precisa, más allá de la prevención.*

**El departamento de control interno no es un departamento preventivo; su función es de detección.**

El departamento de control interno cumple una función de detección más que de prevención. Su objetivo principal es identificar riesgos, desviaciones y fallas en el sistema, para que, a través de la mejora continua, se implementen los controles efectivos antes y durante la ejecución del proceso. Aunque el departamento colabora en la fase previa al proceso mediante la participación en el desarrollo de políticas y la evaluación de riesgos —actividades que contribuyen a la prevención—, no interviene en los controles que ocurren dentro del proceso operativo. En su lugar, su labor se centra en evaluar y detectar puntos débiles en el sistema que pudieron no haber sido considerados o correctamente mitigados, al proporcionar una visión imparcial que no afecta la fluidez operativa.

El departamento de control interno no implementa controles preventivos directamente, porque su función es de segunda línea, con un enfoque evaluador y asesor. Sin embargo, a través del análisis y la mejora continua, su trabajo tiene un impacto positivo sobre los controles preventivos implementados por las áreas operativas. Es decir, no previene directamente, pero fortalece la capacidad preventiva del sistema de control interno en su conjunto.

Más allá de señalar fallas, la detección que realiza el control interno permite entender los patrones de riesgo que enfrenta la organización, al observar cómo se manifiestan y qué oportunidades de mejora surgen. Su rol es clave una vez terminado el proceso, donde participa exclusivamente en controles de detección que ofrecen a la alta dirección una perspectiva clara de la situación real de los controles internos. A través de auditorías, análisis de informes y revisiones detalladas, el departamento expone problemas subyacentes que otros controles pueden no haber identificado, lo que permite fortalecer los mecanismos preventivos y eliminar deficiencias en los controles activos dentro del proceso.

El impacto real y duradero del departamento de control interno se da en su contribución a la mejora continua del sistema de control de la empresa. Con base en sus hallazgos, el departamento propone ajustes y perfeccionamientos en los controles operativos para prevenir futuros problemas y reducir la dependencia del factor humano, lo que alinea sus esfuerzos con los principios de eficiencia y efectividad. Esta mejora continua es, en esencia, la fuerza del control interno, pues asegura que sus recomendaciones no solo se implementen, sino que evolucionen con los riesgos y desafíos de la organización, lo que permite optimizar constantemente los controles de detección y prevención en beneficio de la empresa y mantener a la organización alerta y preparada frente a riesgos internos.

**Un ejemplo de éxito: mejora del proceso de ventas.**

Una empresa dedicada a la fabricación de metálicas y torneado de piezas para la industria, con ventas anuales de 6 millones de euros y una plantilla de 70 empleados (incluyendo 15 vendedores), enfrentaba dificultades en su proceso de ventas. Aunque la empresa cumplía con todas las disposiciones legales y normativas exigidas en su sector, su proceso de ventas mostraba signos de ineficiencia. Las políticas de ventas estaban desactualizadas, y los programas de capacitación eran insuficientes para preparar a los vendedores para manejar los estándares de calidad y precisión que caracterizaban los productos de la empresa. Además, el proceso carecía de controles clave para detectar errores durante la ejecución, y algunos controles de detección posventa mostraban inconsistencias en los indicadores, lo que provocaba que los reportes no reflejaran con precisión la situación del área de ventas.

El departamento de control interno realizó una auditoría exhaustiva del proceso de ventas y, a través de una evaluación detallada, identificó estas deficiencias en cada fase del proceso. En cuanto a los controles preventivos previos, detectaron que las políticas de ventas no estaban alineadas con las prácticas actuales del mercado y no contenían criterios específicos para evaluar el riesgo en los contratos con nuevos clientes. También observaron que los programas de capacitación estaban obsoletos, lo que limitaba la habilidad de los vendedores para responder a consultas técnicas o personalizar sus presentaciones de acuerdo con las necesidades del cliente. Respecto al proceso en sí, se descubrió que no existían controles internos sólidos para prevenir errores en los contratos ni para verificar los pedidos en tiempo real, lo que derivaba en ventas mal gestionadas y errores en la documentación. Finalmente, en la etapa posterior al proceso, el departamento de control interno notó que los indicadores de desempeño de ventas generaban información inexacta, lo cual provocó que la dirección tomara decisiones basadas en datos poco confiables.

El departamento de control interno presentó sus hallazgos a la alta dirección, acompañados de una serie de recomendaciones específicas. Estas incluían actualizar las políticas de ventas con procedimientos más estrictos, implementar capacitaciones integrales enfocadas en la detección y resolución de problemas durante la venta, y establecer controles de calidad en puntos críticos del proceso para validar la información en tiempo real. Asimismo, se recomendó mejorar los controles de detección posventa mediante el ajuste de los indicadores y métricas, con el fin de reflejar datos precisos y relevantes para la toma de decisiones. La alta dirección reaccionó de inmediato y dio instrucciones a las áreas operativas para que implementaran las recomendaciones.

Durante la fase de mejora continua, el departamento de control interno participó activamente; supervisó cada ajuste en los controles de ventas y prestó apoyo a los líderes de área para optimizar los procedimientos. Gracias a esta colaboración, el proceso de ventas se transformó en un sistema mucho más robusto. Los vendedores recibieron capacitaciones completas sobre el uso de nuevos métodos y controles, y los errores en los contratos y pedidos disminuyeron notablemente. Los indicadores de desempeño ajustados comenzaron a reflejar información precisa, lo cual permitió que la alta dirección tomara decisiones informadas y alineadas con la realidad operativa.

En poco tiempo, la eficiencia del proceso de ventas se hizo evidente en los resultados financieros de la empresa, demostrando cómo una función de control interno bien aplicada puede ayudar no solo a detectar y corregir fallas, sino también a fortalecer la estructura operativa para asegurar la continuidad y el éxito del negocio.

Pese a que muchos puedan pensar que es mejor llenar el proceso de ventas con controles preventivos, este caso demuestra que la función de detección del departamento de control interno puede ser el verdadero motor del cambio. No es que el departamento de control interno prevenga directamente los errores, sino que su habilidad para detectar fallas en los puntos clave del proceso permitió identificar y abordar las causas raíz de las ineficiencias. Gracias a esta detección precisa y oportuna, el proceso de ventas se transformó y la empresa obtuvo mejores resultados financieros. Esto evidenció que un control interno eficaz va más allá de la prevención, ya que garantiza que el negocio opere con claridad, conocimiento y capacidad de respuesta.

## El departamento de control interno no festeja los logros de la empresa.

> *El departamento de control interno no celebra logros, sino que los cuestiona y verifica, pues garantiza que los procesos sean sostenibles, transparentes y estén alineados con los principios de la empresa.*

**El departamento de control interno no festeja los logros de la empresa.**

En el control interno, lo que hoy es motivo de festejo, mañana puede ser la causa de un fraude.

Imaginemos esta situación: un almacén muestra durante cinco meses consecutivos diferencias mínimas en sus inventarios físicos, lo cual parece ser un logro digno de elogios. El departamento de control interno decide reconocer públicamente este resultado a través de comunicados internos, para elogiar al almacén como ejemplo de buena gestión. Incluso, organiza una fotografía con todo el personal del almacén, con el gerente de control interno al centro, como símbolo del éxito alcanzado.

Sin embargo, pocos días después, llega una denuncia anónima. Se acusa al gerente del almacén y a otros dos empleados de malversar productos. La denuncia es investigada por auditoría interna, que confirma el fraude: durante más de cinco meses se habían manipulado los registros.

De pronto, el aplauso se transforma en vergüenza. El festejo del departamento de control interno queda en entredicho, y todas las miradas, especialmente las de la alta dirección, se dirigen hacia él con severidad.

¿Qué aprendemos de esta experiencia? En el mundo del control interno, incluso los éxitos más sólidos deben observarse con cautela. La naturaleza del control interno no es celebrar resultados, sino cuestionarlos, verificarlos y asegurarse de que los sistemas que sustentan esos logros son realmente robustos.

El departamento de control interno debe caminar con cuidado, ya que una falla puede comprometer la operación de la empresa y poner en riesgo su credibilidad. Esto implica adoptar una postura profesional y objetiva, en la que se valore la importancia de mantener la integridad y la sostenibilidad del sistema, con una constante búsqueda de su mejora y fortalecimiento, sin caer en celebraciones de logros.

En este ámbito tan complejo, la cautela no es una opción, es una necesidad. Celebrar puede ser agradable, pero evitar malas interpretaciones es imprescindible.

El departamento de control interno debe ser consciente de su papel como observador crítico. Cuando se asume un rol protagónico en los logros de la empresa, se corre el riesgo de perder objetividad. La neutralidad y el distanciamiento son esenciales para conservar la credibilidad del departamento y evitar que las percepciones de favoritismo o complicidad empañen su función principal.

Los logros continuos en un área pueden llevar a un sesgo de confirmación, donde los datos positivos refuerzan la creencia de que «todo está bajo control». Sin embargo, la verdadera fortaleza del control interno radica en cuestionar incluso aquello que parece perfecto, porque entiende que la perfección en los resultados puede ser indicio de manipulación.

El departamento de control interno debe actuar como un sistema inmunológico: atento a cualquier anomalía, incluso en entornos aparentemente saludables. Su objetivo no es realizar evaluaciones apresuradas ni asumir éxitos o fracasos como propios, sino garantizar que los procesos de la empresa se mantengan alineados con los principios de justicia, equidad y transparencia.

En muchos casos, el departamento de control interno es visto como un árbitro imparcial. Si comienza a involucrarse emocional o públicamente con los logros de la empresa, puede comprometer esa percepción de independencia. Esto afecta su capacidad para manejar situaciones críticas con autoridad moral y profesionalismo.

Aunque el departamento de control interno no debe celebrar los logros, tampoco debe ignorarlos. Es fundamental analizarlos a fondo para identificar qué controles o prácticas contribuyeron a su consecución y cómo pueden replicarse en otras áreas. Este análisis debe realizarse de manera interna y objetiva, para evitar glorificaciones que puedan generar presiones indebidas o expectativas irreales. Así como las fallas, errores o fraudes son el detonante para implementar mejoras, las buenas prácticas deben ser la chispa que inspire a perpetuar y expandir una cultura de mejora continua en toda la organización.

En lugar de celebrar, el control interno debe promover una cultura de mejora continua. Cuando los logros se alcanzan, es una oportunidad para preguntarse:

- ¿Qué riesgos podrían estar asociados a estos resultados?
- ¿Qué controles adicionales podrían implementarse para asegurar que el éxito sea sostenible?

El departamento de control interno debe mantener la confianza de la empresa en sus procesos sin caer en la complacencia. Este equilibrio es fundamental para garantizar la efectividad del control interno. Confiar demasiado en que «todo está bajo control» puede llevar a descuidar detalles importantes, omitir revisiones críticas y minimizar señales de alerta que podrían anticipar problemas mayores. Por otro lado, una actitud excesivamente desconfiada puede crear un ambiente laboral tenso y hostil, donde los equipos perciban al control interno como una fuerza inquisitiva más que como un aliado estratégico.

Lograr este balance requiere adoptar una postura de escepticismo constructivo: cuestionar los procesos y resultados con el objetivo de mejorar, no de señalar culpables. Es esencial comunicarse de manera clara con las áreas operativas, para explicar que las auditorías y revisiones no son castigos, sino oportunidades para fortalecer los sistemas y prevenir riesgos futuros.

Además, el departamento de control interno debe evitar caer en rutinas mecánicas o en la falsa sensación de seguridad que puede derivar de resultados positivos constantes. El monitoreo continuo, la actualización de controles y la evaluación periódica de los riesgos son herramientas clave para mantenerse vigilante sin generar fricciones innecesarias.

En última instancia, la confianza debe basarse en la transparencia y en la certeza de que los procesos están diseñados para proteger los intereses de la organización. Este enfoque fomenta un ambiente de colaboración, donde todos los integrantes de la empresa comprenden que el control interno es un pilar esencial para alcanzar los objetivos estratégicos, sin sacrificar la armonía operativa.

## El departamento de control interno no da respuestas, hace preguntas.

*El departamento de control interno fomenta la reflexión y la autogestión mediante preguntas para llegar al origen del problema y fortalecer los procesos sin imponer soluciones.*

**El departamento de control interno no da respuestas, hace preguntas.**

El trabajo del departamento de control interno se fundamenta en la formulación de preguntas como herramienta esencial para llevar a cabo auditorías efectivas. Esta metodología no solo facilita la recopilación de evidencias mediante encuestas y observaciones, sino que también dirige la auditoría de manera sugestiva y establece un control natural sobre el auditado o responsable del proceso.

La formulación de preguntas permite al auditor orientar al auditado hacia el análisis de los problemas y la identificación de sus causas raíz. En lugar de proporcionar soluciones directas, el auditor se enfoca en guiar al auditado para que este entienda profundamente el problema y proponga las soluciones adecuadas. Este enfoque garantiza que las soluciones sean adoptadas y asumidas por el auditado, quien, al sentir que la idea es suya, incrementa su compromiso y entusiasmo en la ejecución de las resoluciones.

Además, el cuestionamiento constante ayuda a aclarar los procesos, identificar debilidades y fortalecer el entendimiento integral del funcionamiento organizacional. Este enfoque fomenta una mayor autogestión en los responsables de los procesos, quienes al aportar las soluciones desarrollan un sentido de propiedad y compromiso más profundo sobre los resultados obtenidos.

En esencia, el departamento de control interno no se limita a señalar problemas ni a proponer soluciones externas. Su función se centra en catalizar un proceso reflexivo y participativo, donde las preguntas se convierten en el motor que lleva a los responsables funcionales a encontrar y ejecutar respuestas efectivas y sostenibles.

El uso de preguntas no solo guía hacia soluciones, sino que también crea un ambiente donde los líderes funcionales se sienten valorados y escuchados. Este enfoque fomenta la confianza y reduce resistencias, lo que es clave para la implementación de soluciones efectivas.

Hacer preguntas en lugar de dar respuestas no solo fortalece los procesos, sino que también enriquece a las personas y a la organización, al promover una cultura de aprendizaje y mejora continua.

*Mayor énfasis en el proceso de formulación de preguntas*

El éxito de este principio radica en la capacidad del departamento de control interno para diseñar preguntas que guíen la reflexión, el análisis y la autogestión. No todas las preguntas tienen el mismo impacto; es crucial formularlas con un propósito claro y adaptarlas al contexto y a la persona que las responderá. A continuación, se presentan las características clave de las preguntas efectivas y, tipos de preguntas y sus propósitos:

*Características de las preguntas efectivas*

1. *Claras y comprensibles:* las preguntas deben ser directas y evitar el uso de términos ambiguos o técnicos que puedan generar confusión.
   *Ejemplo:* en lugar de:
   «¿Qué opina del proceso de facturación?»
   Opte por:
   «¿Qué aspectos considera que funcionan bien en el proceso de facturación y cuáles podrían mejorar?»
   Con esta pregunta el departamento de control interno podrá obtener una respuesta más específica respecto de las fallas que presenta y de las mejoras que podrían hacerse al proceso de facturación.
2. *Concisas:* las preguntas deben ser breves y específicas para facilitar su comprensión y respuesta.
   *Ejemplo:* en lugar de:
   «¿Podría describir con detalle los pasos que sigue para reportar un incidente de ciberseguridad y las dificultades que enfrenta en cada uno de ellos?»
   Opte por:
   «¿Qué pasos sigue para reportar un incidente de ciberseguridad?»
   «¿Qué dificultades presentan estos incidentes?»
   Una pregunta confusa puede separarse en dos preguntas concisas para ampliar la comprensión del proceso y sus problemáticas, de esa forma se pueden establecer conexiones entre las fallas del proceso y las dificultades que presenta.
3. *Neutrales:* evitar preguntas que sugieran una respuesta deseada o que generen sesgo.
   *Ejemplo:* en lugar de:
   «¿No cree que los defectos en la producción se deben a la falta de supervisión?»

Opte por:
«¿Qué factores cree que están contribuyendo a los defectos en la producción?»
Poner palabras en la boca del auditado hará que obtenga respuestas no precisas y lo distanciarán de lo que en verdad ocurre.

4. *Orientadas al objetivo:* diseñar preguntas que estén alineadas con el propósito de la auditoría o del análisis.
   *Ejemplo:* si el objetivo es identificar el origen de un problema, opte por:
   «¿Qué condiciones suelen presentarse cuando registra la devolución y el sistema marca el error?»

*Tipos de preguntas y sus propósitos*

1. *Preguntas abiertas:* fomentan respuestas elaboradas y promueven la reflexión.
   *Ejemplo:* «¿qué factores cree que afectan la calidad del producto?»
2. *Preguntas cerradas:* son útiles para confirmar datos o recopilar información específica.
   *Ejemplo:* «¿se realiza el mantenimiento preventivo al equipo de producción cada seis meses?»
3. *Preguntas exploratorias:* ayudan a descubrir aspectos que pueden no ser evidentes a primera vista.
   *Ejemplo:* «¿qué desafíos enfrentan diariamente en este proceso de compras?»
4. *Preguntas de seguimiento:* profundizan en respuestas previas para obtener mayor detalle o claridad.
   *Ejemplo:* «mencionó que la entrega del producto al cliente no siempre se da a tiempo. ¿Qué cree que podría facilitar la entrega a tiempo?»

5. *Preguntas hipotéticas:* invitan a reflexionar sobre posibles escenarios y soluciones.
   *Ejemplo:* «si tuviera todos los recursos necesarios, ¿qué cambiaría en este proceso?»
6. *Preguntas de validación:* permiten confirmar la comprensión o asegurar que una idea es compartida.
   *Ejemplo:* «entonces, ¿cree que la capacitación en estándares de calidad resolvería este problema?»

**Un ejemplo de éxito: el caso de la empresa de cerámica y azulejos**
Una empresa con 180 empleados dedicada a la fabricación de pisos y azulejos, con una facturación anual de 3 millones de euros, enfrentaba un problema recurrente: un alto índice de productos defectuosos en la línea de esmaltado, lo que generaba pérdidas económicas y desgaste en la moral del personal de producción. El departamento de producción había implementado diversas medidas correctivas sin éxito, y la dirección general solicitó la intervención del departamento de control interno para identificar la raíz del problema y plantear una solución viable.

*Intervención del departamento de control interno*
El equipo del departamento de control interno inició su labor aplicando el principio de «hacer preguntas, no dar respuestas». Durante las auditorías, en lugar de señalar posibles fallos o proponer medidas inmediatas, el equipo formuló preguntas clave al personal operativo, supervisores y responsables de calidad.

Algunas de las preguntas fueron:

- ¿Qué condiciones consideran óptimas para el proceso de esmaltado?
- ¿Cómo identifican un defecto durante la producción?
- ¿Qué acciones suelen tomar al detectar anomalías?

- ¿Qué sienten que funciona bien y qué podría mejorar en sus procesos diarios?

Estas preguntas promovieron discusiones reflexivas entre los empleados, quienes comenzaron a describir las circunstancias que consideraban problemáticas, como la falta de mantenimiento preventivo en los equipos y procedimientos ambiguos para reportar defectos.

*Resultado del análisis*

Mediante el análisis de las respuestas, el departamento de control interno ayudó a los supervisores y operarios a reconocer dos causas raíz:

1. El horno principal de esmaltado carecía de un programa de mantenimiento preventivo establecido, lo que generaba fluctuaciones en la temperatura y afectaba la calidad del producto.
2. Los estándares de calidad estaban vagamente definidos y su comunicación al personal resultaba deficiente, lo que provocaba inconsistencias en la detección y el reporte de defectos.

*Implementación de la solución*

Con esta claridad, el equipo de producción propuso las soluciones:

- Establecer un calendario de mantenimiento preventivo para todos los equipos críticos, incluido el horno de esmaltado.
- Crear un protocolo estándar y capacitar al personal para evaluar la calidad y reportar defectos, con el fin de asegurar que todos comprendieran y aplicaran los mismos criterios.

El departamento de control interno supervisó y facilitó la implementación de estas medidas, y se aseguró de que cada propuesta proviniera de los responsables funcionales y no fuera impuesta desde fuera.

*Resultados obtenidos*

En los seis meses siguientes, la empresa logró:

- Reducir los productos defectuosos en un 40%.
- Ahorrar 100 mil euros en pérdidas anuales por productos defectuosos.
- Incrementar la moral del equipo de producción, quienes se sintieron empoderados al haber participado directamente en la solución del problema.

Este proceso también generó un cambio positivo en la percepción de los supervisores hacia el control interno. Al ver que las propuestas surgidas de su análisis fueron implementadas con éxito, desarrollaron un mayor interés por supervisar y estandarizar los procesos productivos. Este sentido de logro y propiedad sobre las mejoras fortaleció su compromiso con las prácticas de control interno.

Comprendieron, además, que el departamento de control interno no tiene como propósito evidenciar fallas o culpar a los responsables, sino colaborar en la identificación de oportunidades para fortalecer a la empresa. A partir de este momento, los supervisores adoptaron una postura más proactiva hacia el control y comprendieron que su papel era el de un aliado estratégico para el éxito organizacional.

El éxito de esta intervención radicó en la metodología del departamento de control interno, que no dio respuestas inmediatas, sino que promovió un proceso reflexivo y participativo. Este enfoque no solo resolvió un problema técnico, sino que también fortaleció la cultura de mejora continua y la responsabilidad compartida en la empresa.

## Por el poder y la responsabilidad

### El departamento de control interno nunca autoriza ni rechaza nada concerniente con la operación de la empresa.

*El departamento de control interno asesora y supervisa, pero no toma decisiones operativas. Garantiza que los procesos se ajusten a los controles sin intervenir en la autorización o rechazo de acciones.*

**El departamento de control interno nunca autoriza ni rechaza nada concerniente con la operación de la empresa.**
El departamento de control interno tiene un rol fundamental de asesor y auditor, cuyo objetivo es garantizar que las políticas, los procedimientos y los controles establecidos se cumplan conforme a las normas de la empresa. Sin embargo, este departamento no debe intervenir en la toma de decisiones operativas. Su misión no es aprobar o denegar acciones, sino evaluar los procesos de la organización desde una perspectiva neutral y asegurar que se minimicen los riesgos, al mantener siempre su independencia para evitar cualquier conflicto de intereses.

La independencia del departamento de control interno es clave para preservar la objetividad en sus funciones. Si este departamento tuviera autoridad para autorizar o rechazar decisiones operativas, perdería su capacidad de ofrecer un análisis imparcial. Las decisiones operativas, como la autorización de transacciones, el inicio de proyectos o la aprobación de gastos, corresponden exclusivamente a las áreas funcionales de la empresa, que son quienes poseen el conocimiento y responsabilidad de los riesgos inherentes a sus actividades. Control interno, por su parte, debe enfocarse en identificar posibles vulnerabilidades, señalar áreas de mejora y proponer acciones preventivas, sin inmiscuirse en el curso de la operación diaria.

La fortaleza del control interno radica en su capacidad de observar y supervisar de manera imparcial, pero también en su habilidad para proponer mejoras sin involucrarse directamente en las decisiones operativas. Este enfoque permite que el departamento de control interno se mantenga como un guardián de la ética, la justicia y la legalidad dentro de la organización. Su labor no es decir «sí» o «no» a los proyectos o decisiones, sino asegurar que dichos proyectos y decisiones se lleven a cabo dentro de un marco de control adecuado que minimice el riesgo y promueva la transparencia en todas las acciones de la empresa.

*Preceptos del control interno estrechamente ligados con este principio:*

- *«Los riesgos y controles no se inventan, ya existen»*: este precepto se relaciona con el principio, pues muestra que el departamento de control interno tiene la responsabilidad de reconocer y evaluar los riesgos inherentes, para luego identificar y establecer los controles que los mitiguen. Su labor consiste en garantizar que los controles sean adecuados y estén ubicados estratégicamente, sin que con ello se merme la eficiencia y gestión operativa. Esto resalta su rol observador: analiza lo que sucede, pero no impone decisiones.

- *«El control interno se desmorona si deja de supervisarse»:* aunque el departamento de control interno no autoriza ni rechaza acciones operativas, debe monitorear continuamente para garantizar que los controles estén funcionando correctamente. Este precepto refuerza la idea de que el monitoreo y la supervisión son esenciales para el control interno, pero que supervisar no significa tomar decisiones operativas, sino asegurarse de que el marco de control permanece sólido y eficaz.
- *«La fortaleza del control interno va en proporción inversa a la dependencia del factor humano»:* el principio destaca la importancia de mantener la objetividad del departamento de control interno. Si el departamento de control interno se involucrara en decisiones operativas, incrementaría la dependencia del juicio subjetivo de las personas y debilitaría el control interno. Al no autorizar ni rechazar decisiones, el departamento mantiene un enfoque más estructurado, minimiza el impacto del factor humano y refuerza los controles automatizados.

**Un ejemplo de éxito. Una empresa de fumigaciones.**

Una empresa local de servicios de fumigación industrial y habitacional que ha crecido sostenidamente gracias a contratos anuales con grandes empresas del sector manufacturero, así como a la creciente demanda de clientes residenciales. Con un equipo de 60 empleados, la empresa atiende principalmente a sus clientes industriales, ya que representan su fuente principal de ingresos estables. No obstante, los clientes habitacionales, aunque menos lucrativos por transacción, superan ampliamente en número a los industriales, y requieren una gestión eficiente para mantener una reputación sólida en el mercado local.

El departamento de operaciones de la empresa había planteado una iniciativa ambiciosa para incrementar la eficiencia en la atención de clientes habitacionales. La propuesta consistía en automatizar y simplificar el proceso de programación de servicios mediante un software de gestión de citas que permitiera a los clientes habitacionales agendar directamente sus fumigaciones a través de una plataforma en línea. Esto permitiría reducir la carga administrativa y mejorar la atención al cliente, pero implicaba una inversión considerable y cambios significativos en la forma de trabajar del equipo operativo.

El departamento de control interno fue informado de la propuesta y, como parte de sus funciones, realizó una revisión detallada del proyecto. En ella, analizó los riesgos operativos, financieros y de cumplimiento que estaban asociados con la implementación de la nueva tecnología. Durante su análisis, identificaron varios puntos críticos:

- *Riesgo operativo:* el equipo de control interno señaló que la automatización podría generar un cuello de botella en las temporadas de mayor demanda si no se implementaban correctamente los controles para equilibrar la atención a clientes industriales y habitacionales. La prioridad de los contratos anuales industriales podía verse afectada si el sistema automatizado no distinguía adecuadamente entre clientes de diferente naturaleza.
- *Riesgo financiero:* detectaron que la inversión inicial, aunque significativa, no incluía un plan de contingencia en caso de fallos del sistema. Además, el equipo de control interno subrayó la importancia de considerar los costos adicionales de mantenimiento y capacitación del personal para la nueva herramienta.
- *Cumplimiento normativo:* también advirtieron sobre la necesidad de asegurar que el sistema cumpliera con todas las

normativas locales en cuanto a la gestión de datos personales de los clientes, especialmente en el segmento habitacional, donde se manejarían grandes cantidades de información sensible.

Sin embargo, el departamento de control interno no rechazó ni autorizó el proyecto. En lugar de eso, su papel fue proporcionar una evaluación objetiva y presentar sus hallazgos a la alta dirección y al departamento de operaciones. Su análisis exhaustivo permitió que las áreas responsables tomaran decisiones más informadas sobre el proyecto. A partir de los riesgos identificados por control interno, el equipo de operaciones ajustó el plan. Como parte de este ajuste, implementó controles adicionales en el software para asegurar la correcta priorización de clientes industriales y garantizó que se incluyeran las normativas de protección de datos en la plataforma.

*Resultados y beneficios:*
Para la empresa: gracias a la intervención del departamento de control interno, la empresa lanzó la plataforma de gestión de citas con un enfoque más sólido y ajustado a los riesgos operacionales. Los clientes industriales siguieron recibiendo un servicio prioritario, mientras que el segmento habitacional experimentó una mejora significativa en la rapidez de atención y facilidad para agendar servicios. Esto resultó en un aumento en la satisfacción de los clientes residenciales, lo cual fortaleció la reputación de la empresa y, al mismo tiempo, mantuvo intactos los contratos anuales con sus clientes industriales.

Para el departamento de control interno: el éxito de esta iniciativa demostró el valor de su enfoque imparcial y asesor. Su rol clave en identificar riesgos y recomendar mejoras, sin involucrarse directamente en la toma de decisiones operativas, reforzó su posición dentro de la organización como un recurso crítico para la gestión de riesgos. Además, mantuvo su independencia, lo que le permitió seguir evaluando objetivamente futuros proyectos sin ser percibido como una barrera para la innovación o la eficiencia operativa.

El principio se cumplió de manera ejemplar: el departamento de control interno no bloqueó ni autorizó el proyecto, sino que se limitó a proporcionar una evaluación integral que permitió a las áreas operativas hacer los ajustes necesarios. Este éxito validó tanto su independencia como la importancia de su rol en la estrategia de crecimiento de la empresa. Con ello, quedó demostrado que su misión no es tomar decisiones operativas, sino garantizar que las decisiones se tomen con pleno conocimiento de los riesgos y controles necesarios.

## El departamento de control interno no ejerce ningún poder en la empresa, solo se limita a sugerir mejoras; quien toma la decisión de implementarlas es la propia empresa.

*El departamento de control interno sugiere mejoras sin imponer decisiones. Su poder consiste en influir a través de la comunicación y el respeto, y deja la acción en manos de la empresa.*

**El departamento de control interno no ejerce ningún poder en la empresa, solo se limita a sugerir mejoras; quien toma la decisión de implementarlas es la propia empresa.**

Lo que queremos resaltar con este principio es que el personal del departamento de control interno debe moverse por la organización con respeto y humildad. No se trata de una autoridad que impone decisiones, sino de un grupo que actúa como facilitador. No se debe caer en la presunción de creer que, al señalar errores o áreas de mejora, se tiene el poder para tomar decisiones disciplinarias, como «si no haces bien las cosas, te voy a correr». Esta percepción es errónea y solo generaría resistencia y resentimiento.

Para ilustrar este punto, podemos hacer una analogía entre el personal de limpieza y el del departamento de control interno. Un empleado de limpieza puede tener un control directo sobre ciertas áreas, como, por ejemplo, prohibir el acceso a un baño que está siendo limpiado, al decir: «No entres al baño porque lo estoy lavando». Esta capacidad de dictar restricciones es un ejemplo de poder sobre su entorno inmediato.

En contraste, el personal del departamento de control interno, aunque su trabajo es esencial para el funcionamiento eficaz de la empresa, no tiene la misma capacidad de control inmediato. No pueden restringir acciones ni imponer sanciones. Sin embargo, lo que sí poseen son informes y análisis que, si se toman en cuenta, pueden influir en la dirección de la empresa de manera significativa. Sus recomendaciones pueden llevar a cambios importantes, aunque no tengan la autoridad para ejecutar esos cambios por sí mismos.

Así, el verdadero poder del departamento de control interno radica en su capacidad para identificar riesgos y proponer soluciones. La efectividad de sus sugerencias depende de la voluntad de la empresa de escucharlas y actuar en consecuencia. Esto enfatiza la importancia de una comunicación efectiva y la construcción de relaciones sólidas basadas en la confianza y el respeto mutuo.

## El departamento de control interno no es un sabelotodo.

*El departamento de control interno no es un sabelotodo, sino un facilitador que evalúa riesgos y asegura procesos, sin intervenir directamente en decisiones operativas.*

**El departamento de control interno no es un sabelotodo.**
Con frecuencia escuchamos frases como: «Ve al departamento de control interno para que te digan qué debemos hacer». Este tipo de comentarios reflejan una percepción errónea sobre la función del departamento de control interno, donde se asume que su personal debe tener conocimiento absoluto sobre todas las operaciones de la organización. Sin embargo, detrás de esta idea se oculta un intento de trasladar responsabilidades propias hacia el departamento de control interno.

Es fundamental que el personal del departamento de control interno no caiga en esta trampa, porque asumir esas responsabilidades externas puede desvirtuar su papel. Al involucrarse en la toma de decisiones operativas, el departamento de control interno corre el riesgo de perder su posición independiente, pues se convertirá en parte de la primera línea y, eventualmente, en un engranaje más del funcionamiento operativo de la organización.

El departamento de control interno no debe sucumbir a estas complacencias, ya que, al asumir decisiones específicas que corresponden a otras áreas, se diluye su capacidad de supervisión objetiva. Además, es importante enfatizar que la participación directa del departamento de control interno en decisiones operativas no garantiza una disminución del riesgo. Por el contrario, podría generar una falsa percepción de seguridad en los procesos y decisiones, lo cual es contraproducente.

El verdadero valor del departamento de control interno radica en su capacidad para proporcionar orientación, evaluar los riesgos y controles existentes, y asegurar que las decisiones operativas sean tomadas con base en un marco claro de riesgos y controles. Este enfoque fortalece su independencia y asegura que se mantenga como una función de vigilancia estratégica, en lugar de una solución inmediata a problemas operativos.

**Un ejemplo de éxito: desabasto de la materia prima.**
Una empresa dedicada a la fabricación de calentadores de agua, con 1,800 empleados y un ingreso anual de 12 millones de euros, enfrentó un grave problema de desabasto de tornillos, una materia prima pequeña pero esencial para su proceso de producción.

La situación se volvió urgente cuando el gerente de producción, el gerente del almacén de materias primas y el gerente de abastecimientos se reunieron para buscar una solución. En su reunión, decidieron involucrar al gerente de control interno con el fin de que interviniera y resolviera el problema rápidamente. La propuesta era simple: comprar el tornillo a un proveedor local no autorizado, que lo ofrecía a un precio tres veces superior al del proveedor oficial, cuyo tiempo de entrega era de tres meses. El riesgo, sin embargo, era que el tornillo local podría no cumplir con los estándares de calidad requeridos por la empresa.

Al ser consultado, el gerente de control interno escuchó atentamente el problema, pero dejó claro que no tenía la autoridad para tomar decisiones operativas relacionadas con compras o suministro. Su respuesta fue que la resolución del problema quedaba en manos de los tres gerentes involucrados. No obstante, también les informó que abriría una investigación para analizar las causas de ese desabasto.

La investigación reveló una serie de deficiencias en los controles internos:

- El sistema ERP carecía de controles de validación que aseguraran el ingreso exclusivo de productos relacionados con las órdenes de compra.
- El gerente del almacén de materias primas omitía con frecuencia los conteos físicos del inventario, a pesar de que la política interna lo estipulaba claramente. Además, cuando los realizaba, pasaba por alto el conteo de las piezas de menor valor, como el tornillo en cuestión.

Los resultados de esta auditoría fueron comunicados al director general, quien, tras evaluar los hallazgos, ordenó a los tres gerentes involucrados que desarrollaran un proceso para garantizar la disponibilidad continua de todos los productos, sin importar su tamaño o valor. Se les exigió establecer puntos de reorden precisos basados en los programas de producción y tiempos de entrega de los proveedores, a fin de evitar que la falta de un solo componente afectara la continuidad de la producción.

Este caso pone de manifiesto que el departamento de control interno no es un «sabelotodo» ni debe intervenir directamente en decisiones operativas, pero sí es capaz de identificar las fallas estructurales que pueden generar riesgos. A través de su enfoque objetivo y su capacidad para analizar los procesos subyacentes, el departamento de control interno ayudó a la empresa a mejorar sus sistemas de abastecimiento y de almacenaje, y a garantizar la continuidad de la producción. Con ello, quedó claro que su valor radica en ser un facilitador de la mejora continua, más que en tomar decisiones de operación directa.

## El departamento de control interno no tiene corazón, debe ser duro y directo en los informes que emite, sin considerar el efecto emocional de las personas a las que se dirige.

*El departamento de control interno debe ser firme y objetivo, al emitir sus informes, sin ceder a consideraciones emocionales.*

**El departamento de control interno no tiene corazón, debe ser duro y directo en los informes que emite, sin considerar el efecto emocional de las personas a las que se dirige.**
En el desempeño de su labor, el departamento de control interno debe actuar con objetividad, imparcialidad y un enfoque basado exclusivamente en los hechos. Su función principal es salvaguardar los intereses de la organización y garantizar que los procesos se adhieran a las normativas y principios establecidos, sin dejarse influenciar por emociones, preferencias personales o posibles consecuencias emocionales para las personas involucradas.

*La objetividad como principio rector*
El control interno debe basarse en la evidencia y el análisis objetivo, y evitar cualquier sesgo emocional o juicio personal. Emitir informes influenciados por emociones, empatía desmedida o percepciones subjetivas puede comprometer tanto la claridad como la utilidad del mensaje. Por ello, el tono debe ser profesional y el lenguaje directo y transparente, de manera que los hallazgos sean claros y accionables para quienes los reciben. Es fundamental recordar que el departamento de control interno no evalúa a las personas, sino a los procesos.

*El efecto emocional y el riesgo de sesgos*

Considerar el impacto emocional de los informes puede llevar a sesgos que diluyen la efectividad del control interno. Por ejemplo:

- *Suavizar un hallazgo crítico:* por temor a ofender, puede dar lugar a interpretaciones ambiguas o a la minimización de riesgos serios.
- *Evitar la mención de errores:* por miedo a dañar reputaciones, podría dejar sin atención problemas que podrían escalar en el futuro.

Es importante recordar que el objetivo no es atacar a las personas, sino fortalecer los procesos y proteger la organización.

*Un enfoque profesional, no personal*

Para evitar conflictos emocionales, los informes deben ser redactados bajo estas premisas:

- *Redacción basada en hechos:* los hallazgos deben derivarse de datos verificables.
- *Evitar atribuciones personales:* en lugar de decir «El gerente no cumplió con su responsabilidad», es mejor enunciar «El procedimiento establecido no fue ejecutado según lo estipulado».
- *Recomendaciones prácticas:* siempre que sea posible, incluir sugerencias específicas para resolver los problemas identificados.

*El valor de la firmeza en el control interno*

Un control interno eficaz no puede permitir que las emociones nublen su juicio. Ser «duro y directo» en los informes no significa ser insensible, sino actuar con la responsabilidad y el rigor necesarios para garantizar que las áreas de oportunidad sean atendidas.

El departamento debe ganarse el respeto como una figura de autoridad dentro de la organización, no por imponer miedo, sino por demostrar una postura firme, alineada con principios éticos y con un compromiso inquebrantable hacia la mejora continua de la empresa.

*Cuidar la percepción sin comprometer la objetividad*
Aunque el departamento no debe actuar con «corazón», tampoco debe ser percibido como una entidad fría e indiferente. Una comunicación profesional, asertiva y respetuosa puede transmitir firmeza sin generar hostilidad innecesaria. Esto ayuda a mantener relaciones constructivas con las áreas auditadas y fomenta la colaboración para implementar mejoras.

**Un ejemplo de fracaso: empresa de servicios de limpieza y mantenimiento.**
Una empresa que ofrece servicios de limpieza y mantenimiento a grandes edificios e instalaciones industriales, con una lista amplia de clientes distribuidos en todo el país y con cerca de 800 empleados, de los cuales el 90% genera la mano de obra que es el servicio que la empresa ofrece, genera 5 millones de euros anuales. La empresa debe cumplir con estándares de calidad muy altos, pues así lo marcan las regulaciones gubernamentales.

El control interno que esta empresa tiene asegura que los equipos de trabajo sigan los procedimientos adecuados de seguridad, uso de productos químicos y cumplimiento de los contratos con los clientes.

Durante una revisión de los procedimientos operativos de los equipos de limpieza, se detectó que no se estaban utilizando correctamente los equipos de protección personal, lo que ponía en riesgo la salud de los empleados. Sin embargo, debido a la presión de mantener una buena relación con los supervisores de los equipos de trabajo, el informe no enfatizó lo suficiente la gravedad de esta omisión.

*Aquí está un extracto del informe emitido (el que suavizó la falla)*

> *...Durante nuestra revisión de los procedimientos operativos, se observó que en algunas ocasiones el uso de los equipos de protección personal (EPP) podría no estar cumpliendo con las mejores prácticas. Aunque el equipo en general demuestra un compromiso con la calidad de sus tareas, sería conveniente reforzar la importancia de utilizar el EPP de forma constante para asegurar el bienestar de los empleados y mantener los estándares de seguridad que nos caracterizan.*
> *Estamos seguros de que este aspecto puede ser abordado de manera efectiva con un pequeño refuerzo de los procedimientos actuales...*

El resultado fue que el problema no se abordó con la urgencia que requería, y posteriormente varios empleados sufrieron lesiones menores, lo que generó un aumento en las reclamaciones laborales y afectó la moral del equipo.

Al suavizar la gravedad de los hallazgos, el departamento de control interno permitió que una situación de riesgo se intensificara. Este caso ilustra la importancia de que los informes de control interno sean claros, directos y no se vean influenciados por consideraciones emocionales, ya que la salud y seguridad de los empleados es fundamental para el bienestar de la organización y para evitar consecuencias legales.

*Aquí está el extracto de un posible informe sugerido*

*...Durante nuestra revisión de los procedimientos operativos, se observó una aplicación inconsistente en el uso de los equipos de protección personal (EPP) requeridos por las políticas internas y las normativas legales aplicables. Esta omisión constituye un incumplimiento crítico que pone en riesgo la salud y seguridad de los empleados, y expone a la empresa a posibles sanciones legales, reclamaciones laborales y daños a su reputación.*

*Hallazgos específicos:*

- *En un 40% de las áreas revisadas, los empleados trabajaban sin guantes resistentes a químicos, a pesar de manejar productos clasificados como corrosivos.*
- *En áreas con proyección de partículas, los empleados realizaban sus labores sin lentes de protección.*
- *El procedimiento de inspección y monitoreo de EPP carece de una ejecución efectiva, lo que ha permitido que estas irregularidades persistan.*

*Recomendaciones inmediatas:*

- *Implementar una capacitación obligatoria para todos los empleados sobre la importancia y el uso correcto del EPP, dentro de los próximos 7 días.*
- *Establecer un sistema de monitoreo diario que garantice el cumplimiento de las políticas de seguridad.*
- *Revisar y reforzar los procedimientos de inspección de seguridad para identificar y corregir incumplimientos de manera oportuna.*

*El incumplimiento en este aspecto compromete no solo el bienestar de los empleados, sino también la integridad de los procesos y la imagen de la empresa. Reiteramos la urgencia de tomar medidas correctivas inmediatas...*

## La fuerza del departamento de control interno radica en su palabra.

*La fuerza del departamento de control interno radica en su capacidad para generar confianza a través de recomendaciones claras y asertivas, fundamenta-das con evidencias, sin necesidad de ejercer autoridad directa sobre la empresa.*

**La fuerza del departamento de control interno radica en su palabra.**
El departamento de control interno ejerce su influencia no desde el poder formal, sino desde la calidad y credibilidad de sus observaciones y recomendaciones. Su «palabra» engloba no solo lo que comunica en sus informes, sino también la solidez técnica y ética con la que respalda sus hallazgos. Es la capacidad de generar confianza, persuadir con fundamentos sólidos y conectar sus observaciones con los objetivos estratégicos de la organización.

*¿Qué significa «su palabra»?*
La «palabra» del departamento de control interno representa la combinación de varios factores clave:

- *Credibilidad:* se construye a través de un análisis riguroso, de evidencias verificables y de la aplicación de los principios éticos.
- *Calidad de los informes:* los documentos deben ser claros, bien estructurados, técnicamente sólidos y redactados con profesionalismo.
- *Influencia persuasiva:* su propósito es guiar decisiones estratégicas a través de argumentos convincentes y no en imponer acciones.

- *Consistencia en el actuar:* más allá de sus informes, la conducta ética del departamento refuerza la confianza en su papel dentro de la organización.

*¿Cómo se valida la fuerza de su palabra?*
La efectividad de la «palabra» del departamento puede evaluarse a través de indicadores concretos, como:

- *Implementación de recomendaciones*: el incremento en el porcentaje de observaciones aceptadas por la alta dirección y llevadas a cabo en la operación demuestra que su palabra tiene impacto práctico y es efectiva.
- *Resultados tangibles*: la disminución de fallas en los procesos, la reducción de fraudes y las mejoras en la eficiencia operativa evidencian que su palabra genera resultados reales y positivos.
- *Confianza en el sistema*: la percepción cada vez más favorable de empleados y directivos sobre la utilidad de los informes y el sistema de reportes refleja que su palabra es escuchada y valorada.

Además, la calidad de un informe puede medirse por su alineación con estándares técnicos, su respaldo en evidencias verificables y su claridad al comunicar las conclusiones.

*El rol de la credibilidad*
La credibilidad es el pilar fundamental de la influencia del departamento de control interno. Para preservarla, es indispensable garantizar ciertos elementos clave:

- *Independencia:* al no ejercer autoridad operativa ni ejecutiva, el departamento garantiza su objetividad, lo que fortalece la confianza en su labor.

- *Rigor técnico:* al sustentar cada conclusión en un análisis minucioso y con pruebas sólidas, a la vez que elimina juicios subjetivos, el departamento incrementa su credibilidad.
- *Integridad:* al alinear sus acciones con principios éticos como la honestidad, la imparcialidad y el respeto por la confidencialidad, el departamento refuerza su reputación.

*El impacto estratégico de «su palabra»*

Aunque no tiene poder formal, el departamento de control interno puede ser un aliado estratégico clave al:

- Identificar riesgos y oportunidades con una perspectiva objetiva.
- Proveer recomendaciones alineadas con los objetivos de la alta dirección.
- Influir positivamente en la toma de decisiones sin interponerse en la operación diaria.

*Evitar riesgos asociados a «su palabra»*

La dependencia exclusiva en la «palabra» del departamento conlleva riesgos si esta no se respalda adecuadamente. Para reducir estos riesgos, es fundamental implementar los siguientes principios:

- *Rigor continuo:* consiste en mantener un análisis firme y sustentado con datos verificables, lo cual garantiza la precisión de la información presentada.
- *Transparencia:* implica explicar con claridad los hallazgos y fundamentarlos adecuadamente, para asegurar la comprensión y la confianza en los resultados.
- *Congruencia:* requiere que las acciones del departamento estén alineadas con los principios que promueve, así se fortalece su credibilidad y ejemplo ético.

La «palabra» del departamento de control interno es su activo más valioso, ya que representa la intersección de su capacidad técnica, su ética y su influencia estratégica. Es una herramienta que, bien gestionada, fortalece a la organización al promover decisiones informadas y al alinear sus observaciones con los objetivos empresariales.

**Un ejemplo de éxito: la empresa de distribución de calzado.** Una empresa de fabricación y distribución de calzado con 180 empleados y unos ingresos anuales de 3.5 millones de euros estaba enfrentando importantes fallas en su logística de distribución. Las causas principales del problema radicaban en una inadecuada planificación de la demanda, la cual provocaba desabastos y sobreabastecimientos, y con ello una disminución en la eficiencia de la distribución.

El problema fue identificado a través de una auditoría programada al proceso de logística, específicamente en el esquema de planificación de la demanda. El departamento de control interno jugó un papel crucial al aplicar un análisis riguroso utilizando diversos métodos para identificar y comprender las fallas del sistema.

*Métodos utilizados*

- *Análisis de tendencias históricas de ventas:* el departamento de control interno revisó las tendencias históricas de ventas y detectó una discrepancia entre las proyecciones de demanda y las ventas reales de ciertos productos, lo que contribuyó al desabasto.
- *Revisión de los sistemas de gestión de inventarios (ERP):* se analizó el sistema ERP utilizado en los almacenes de distribución. Se detectó que el sistema permitía registrar

erróneamente productos y cantidades, lo que ocasionaba desajustes entre el inventario físico y el digital.

- *Evaluación de los informes de rendimiento de logística:* se evaluaron los informes de rendimiento logístico, que reflejaron problemas de entrega a tiempo y fallas en la disponibilidad de productos.
- *Entrevistas y encuestas con responsables de la cadena de suministro:* El personal clave de la cadena de suministro reveló la ausencia de un sistema efectivo para comunicar la falta de productos entre los almacenes y el departamento de planificación de la demanda.
- *Revisión de las métricas de satisfacción del cliente:* la revisión de las métricas de satisfacción del cliente mostró que más del 30% de los pedidos presentaban discrepancias con las facturas emitidas, debido a desabastos que limitaban la venta de productos de alta rotación.

*Descubrimiento de las fallas*

Durante el análisis, se encontró que el 30% de los pedidos presentaban incongruencias con las facturas, ya que la cantidad solicitada por los clientes difería de la cantidad facturada, lo que se debía al desabasto de productos de alta rotación en más de la mitad de los almacenes de distribución.

El departamento de control interno identificó varias fallas específicas:

- *Sistema ERP deficiente:* el sistema permitía diferencias entre los productos registrados en los almacenes y los productos entregados, debido a que se omitían validaciones de las cantidades y de los SKU ingresados.
- *Planificación de la demanda inadecuada:* el departamento encargado de la planificación de la demanda ignoraba los

datos históricos de ventas para prever la demanda por almacén. Además, confiaba en el traspaso de inventarios entre centros de distribución para corregir desajustes, hecho que era insuficiente.

- *Falta de comunicación entre almacenes y planificación:* los almacenes desconocían que podían levantar reportes de fallas cuando se enfrentaban a desabasto, lo que impedía una reacción oportuna.
- *Deficiencias en el sistema de atención al cliente:* el sistema de atención al cliente no seguía de forma estricta las solicitudes de los clientes, y las métricas de satisfacción llegaban de forma inadecuada a la alta dirección.

*La intervención del departamento de control interno*

Cuando el departamento de control interno presentó su informe a la alta dirección, las autoridades de la empresa quedaron sorprendidas. Muchos de los problemas detectados no habían sido reconocidos previamente, lo que subraya la importancia de la «palabra» del departamento. A través de su análisis detallado y su capacidad para conectar los hallazgos con los objetivos estratégicos de la empresa, el departamento de control interno logró resaltar áreas clave que necesitaban atención urgente.

La alta dirección reconoció que el departamento de control interno había desempeñado un papel crucial en la identificación de fallas que de otro modo no habrían llegado a su conocimiento. La solidez técnica de los informes y la claridad en la presentación de las deficiencias permitió que se tomaran decisiones informadas.

*Impacto y resultados*

A partir de los hallazgos del departamento de control interno, la alta dirección tomó medidas correctivas, que incluyeron:

- *Mejoras en el sistema ERP:* se implementaron controles más estrictos para evitar la entrada incorrecta de productos y cantidades en el sistema, y con ello garantizar una mayor precisión en la gestión del inventario.
- *Ajustes en la planificación de la demanda:* se implementó un proceso de planificación más riguroso, basado en datos históricos y en la colaboración más estrecha entre el departamento de planificación y los almacenes de distribución.
- *Fortalecimiento del sistema de atención al cliente:* se mejoró el seguimiento a las solicitudes de los clientes, y las métricas de satisfacción se integraron a los reportes de alta dirección.

Como resultado de estas mejoras, la empresa experimentó una reducción significativa en las incidencias de desabasto, mejoró su capacidad de respuesta ante la demanda y aumentó la satisfacción del cliente. El departamento de control interno, a través de su capacidad de análisis y su influencia persuasiva, ayudó a la organización a mejorar su eficiencia operativa y a alinear mejor su logística con sus objetivos empresariales.

Este caso demuestra cómo la «palabra» del departamento de control interno, respaldada por un análisis riguroso y ético, puede tener un impacto estratégico significativo en una organización. Aunque el departamento no tiene poder formal sobre las operaciones, su capacidad para identificar fallas, hacer recomendaciones fundamentadas y generar confianza en la alta dirección fue fundamental para resolver un problema crítico y mejorar los procesos internos. Este caso ejemplifica cómo la fuerza del departamento de control interno radica en su palabra, que, bien gestionada, puede transformar la operación de una empresa y contribuir a su éxito a largo plazo.

## El departamento de control interno no es condescendiente con las personas ni con los procesos.

*El departamento de control interno debe actuar con firmeza e imparcialidad, sin tolerar excepciones injustificadas, para garantizar la equidad y la transparencia en todos los procesos y relaciones.*

**El departamento de control interno no es condescendiente con las personas ni con los procesos.**

Un sinónimo de «condescendiente» es «permisivo», lo que implica tolerar acciones que deberían evitarse. Por lo tanto, este precepto establece que el departamento de control interno no debe permitir prácticas que contradigan lo establecido, especialmente cuando estas generan resultados contrarios a los objetivos organizacionales. Este principio no es una mera afirmación, sino un lineamiento que busca asegurar la justicia y la imparcialidad en todas las operaciones de la empresa.

No ser condescendiente implica encontrar un equilibrio entre la firmeza y la flexibilidad. Si bien el control interno debe ser rígido para mantener la coherencia de las normas, también debe adaptarse cuando los ajustes son necesarios para proteger los objetivos del proceso. Este enfoque no implica tolerancia hacia las excepciones injustificadas, especialmente aquellas que benefician indebidamente a ciertos individuos o procesos. La imparcialidad se refuerza al tratar a todas las áreas y personas por igual, y garantiza que las fallas no se oculten ni se omitan en los informes de control.

El impacto de este principio trasciende a la relación entre el departamento de control interno y otros departamentos. Al no ser condescendiente, se envía un mensaje claro de que la misión del departamento es proteger los intereses de la organización, no los de individuos o procesos específicos. Esta postura fomenta la confianza en el sistema de control y asegura que las fallas se informen a tiempo, lo que permite a la alta dirección tomar medidas correctivas oportunas.

La aplicación de este precepto no distingue entre procesos manuales o automatizados. Tanto los procesos realizados por personas como los gestionados por sistemas son susceptibles de errores. Por ejemplo, si un proceso manual permite una compra a un proveedor no autorizado, esto debe reportarse con la misma seriedad que un fallo en un sistema automatizado, como el uso de un tabulador de nómina desactualizado. Ambos casos reflejan fallas que deben ser identificadas y corregidas.

El desafío de implementar este principio radica en la resistencia interna, ya que los empleados y departamentos podrían percibirlo como un ataque personal. Sin embargo, el enfoque del control interno no es evaluar a las personas, sino los procesos. Las fallas individuales no se señalan como errores personales, más bien como oportunidades para mejorar el diseño y la operación de los procesos. Esta distinción es esencial para construir una cultura donde las observaciones se interpreten como herramientas para el crecimiento y no como críticas destructivas.

La implementación efectiva de este principio depende de la capacitación constante del departamento de control interno y de toda la organización. Un sistema de control interno fortalecido capacita a sus integrantes para identificar fallas sin ser permisivos, y actúa siempre con imparcialidad y justicia. Además, el apoyo de la alta dirección es crucial para respaldar la firmeza del departamento y garantizar que las observaciones se traduzcan en acciones correctivas.

Aunque no existe una métrica directa para evaluar la no condescendencia, su impacto se refleja en los hallazgos del departamento.

Un aumento en la cantidad y calidad de las observaciones indica que este precepto se está aplicando de manera efectiva, mientras que una disminución injustificada podría ser señal de permisividad. Este vínculo subraya la importancia de contar con indicadores de desempeño bien definidos que permitan monitorear la efectividad del control interno. Ahora bien, si las observaciones disminuyen mientras los fraudes o fallas incrementan, esto comprometería gravemente la credibilidad del departamento de control interno, que podría evidenciar una posible falta de rigor en su labor.

Este principio no se limita a los procesos internos. Aplica a todas las partes interesadas de la organización, incluidos empleados, proveedores y clientes. Así, el departamento de control interno cumple su papel de protector imparcial de los intereses organizacionales, y evita concesiones que comprometan los objetivos, sin importar el origen del fallo.

Este principio y los anteriores forman una red interconectada que actúa como una guía integral para el fortalecimiento del control interno operativo. Al aplicarlos, la empresa asegura que cada fallo, ya sea humano o de sistema, sea identificado, reportado y corregido, al mantener la transparencia y la equidad como pilares fundamentales.

# CONCLUSIÓN

**Conclusión**

Este recorrido a través de enfoques, preceptos y principios nos permite proponer una definición del control interno que va más allá de lo técnico y se adentra en su verdadera esencia:

> ***El control interno es una conciencia colectiva que nace del instinto de proteger y evoluciona hacia una disciplina estructurada que armoniza valores, procesos y vigilancia.***

No nace de un instructivo ni se impone por decreto; surge de algo más profundo: del instinto natural de proteger lo que valoramos. Esta conciencia, que vive tanto dentro de cada individuo como en la cultura que los une, es lo que activa, integra y fortalece el control interno. No se trata de un sistema frío y ajeno, sino de una red viva de decisiones, convicciones y comportamientos que se alimentan mutuamente entre personas y estructura.

El control interno no solo protege a la organización, protege también a quienes la integran, y lo hace de forma engarzada: cuando un empleado actúa con responsabilidad y rectitud, protege a la empresa; y al hacerlo, se protege a sí mismo, porque forma parte de ese cuerpo colectivo que se llama organización.

Es un acto mutuo de resguardo, como dos espejos que se reflejan protección el uno al otro.

Hablar de "conciencia" no es una metáfora vacía. Es reconocer que el control interno está vivo, y que su vida depende de todos. Es colectivo porque requiere que todos participen, y es conciencia porque nos pide pensar, discernir, evaluar y actuar con sentido ético.

La disciplina del control interno tampoco es una imposición: nace primero en el individuo, en su capacidad de autogobierno y responsabilidad, pero a su vez es la organización —mediante su ejemplo, sus valores y su cultura— la que inspira y despierta esa disciplina en sus miembros. Es una retroalimentación virtuosa: el orden interior del individuo se transmite a la empresa, y el orden institucional de la empresa nutre el carácter del individuo.

El control interno no reprime: alinea. Funciona cuando existe una sintonía auténtica entre las creencias, costumbres, hábitos y principios de cada persona, y los valores que la organización representa: justicia, legalidad, ética, honradez, honestidad y equidad. Cuando esa conexión ocurre, cuando lo que el individuo es y lo que la organización espera se encuentran en un mismo plano, nace la armonía. Y esa armonía no solo permite que los controles funcionen, sino que le da sentido humano y trascendente a todo lo que se hace.

Podemos decir, con propiedad, que la organización vive, y que, desde su nacimiento, el control interno ha sido como su ángel de la guarda: invisible muchas veces, silencioso casi siempre, pero vigilante, atento, ético, imparcial. Y a medida que la organización crece, ese ángel crece con ella; se fortalece con cada proceso estandarizado, con cada acto honesto, con cada voz que se atreve a señalar lo que debe mejorar.

El control interno no es el enemigo de la eficiencia, ni la excusa de la burocracia. Es, en esencia, la manifestación consciente de una organización que ha elegido operar con integridad.

Y cuando esa conciencia es compartida, alimentada, y respetada, entonces el control interno no solo funciona: florece.

# REGALO DE LOS AUTORES PARA EL LECTOR

**De Dante Omar Fernández Cavazos**

Con este libro quiero transmitir que el control interno no es solamente un conjunto de políticas y procedimientos. Es un concepto más amplio, que debe formar parte esencial del actuar diario de cada integrante de la organización. No se trata de un conocimiento que se adquiere de inmediato; es una práctica que, con la constancia del día a día, se va impregnando en la manera de trabajar, hasta volverse parte natural de la forma habitual de operar, tanto a nivel individual como colectivo. Una vez arraigado, se convierte en una disciplina difícil de erradicar, porque quien lo vive entiende que el orden y el control generan confianza, eficiencia y resultados sostenibles.

Este libro también es un llamado a las instituciones educativas, especialmente a aquellas que forman profesionales en auditoría, administración y control interno, para que integren este enfoque en sus planes de estudio. Necesitamos profesionales con una visión orientada no solo al logro de objetivos, sino también al aseguramiento de procesos sólidos, confiables y ordenados. Formar líderes con conciencia de control es sembrar futuro para las organizaciones.

Espero que al haber leído estas páginas hayas tomado conciencia de que el control interno no es un accesorio ni una opción secundaria: es necesario, fundamental, prioritario... en una palabra: indispensable. Debe estar siempre presente. Comprenderlo, valorarlo y aplicarlo no es suficiente: hay que fortalecerlo y transmitirlo. Una organización sin control —o con controles deficientes— difícilmente puede prosperar de manera consistente.

Es cierto que las nuevas tecnologías están transformando la forma de operar de muchas empresas y las vuelven más ágiles, innovadoras y creativas. Aun con esta evolución, la esencia del control no debe perderse. La tecnología debe ir acompañada de mecanismos que aseguren el orden, la integridad y la supervisión permanente de los procesos.

Deseo sinceramente que este libro haya inspirado un cambio en ti y en todos aquellos que lo hayan leído. Que contribuya a la construcción de organizaciones más sólidas, con empleados más conscientes, comprometidos y capaces de impulsar un futuro mejor.

**De Gerardo Sergio Fernández Cavazos**

La semilla del control interno no nació en mí, fue sembrada por mi hermano Miguel Jesús, quien me hablaba con pasión durante nuestras reuniones familiares. Sin saberlo, despertó en mí un interés que, con el tiempo, se convirtió en convicción. Aunque Miguel partió antes de que pudiera expresarle cuánto me había marcado, su legado vive en estas páginas. Este libro, más allá de ser un homenaje, busca dejar huella en la comprensión del control interno. Mi trayectoria en sistemas y mi posterior inmersión en este campo me han dado una visión integral que hoy me permite construir soluciones sólidas para las organizaciones.

Con este libro, deseo compartir esa visión. Sé que el control interno es un terreno por donde muchos han transitado, pero desde mi punto de vista, han sido pasos dados a oscuras. Mi intención es iluminar ese camino para las nuevas generaciones, ayudándoles a comprender que el control interno es la columna vertebral de una administración organizacional efectiva.

Cuando llegues a esta página del libro y lo cierres, mi mayor satisfacción será saber que, en tu interior, has comprendido lo que significa el control interno. Eso me llenaría de orgullo y me haría sentir que cada esfuerzo valió la pena.

Ahora que cuentas con estos conocimientos, ya no tendrás excusas para no fortalecer el control interno en tu empresa. Estoy seguro de que sentirás la necesidad de aplicar lo aprendido. Reconocerás que es el camino correcto, y también notarás que el proceso de transformación tomará tiempo. Cada paso que des reafirmará que estás construyendo algo valioso, y que tu compromiso hará la diferencia en el futuro de tu organización.

Mi mayor deseo es que esa transformación esté cimentada en la ética, la honradez, la rectitud y el respeto. Son estos valores los que garantizan que el control interno que construyas sea sólido, perdurable y trascendente.

Espero que hayas disfrutado esta lectura y que, al igual que Miguel sembró en mí la pasión por el control interno, esta misma semilla haya germinado en ti.

# GLOSARIO

## Glosario

**control compensatorio.** Medida temporal diseñada para mitigar riesgos residuales cuando un control principal es deficiente o cuando no existe. Aunque puede proporcionar protección limitada, un control compensatorio no tiene la capacidad de abordar completamente el riesgo y resulta imprudente conservarlo por mucho tiempo, ya que, en lugar de proteger, puede perpetuar una situación en la que el riesgo sigue latente y la organización permanece vulnerable. Por ello, debe ser reemplazado por el control principal adecuado en el menor tiempo posible.

**control interno formal.** Conjunto de políticas, procedimientos, normativas y estructuras documentadas que conforman un sistema de control interno dentro de una organización. Este tipo de control se caracteriza por estar claramente establecido y comunicado a través de manuales, protocolos y directrices formales que los empleados deben seguir. Si bien el control interno formal puede ser robusto en cuanto a la documentación y estructura, su verdadera efectividad no está garantizada únicamente por su existencia en el papel, sino por la correcta implementación y seguimiento de los procedimientos. Aunque establece una base para la operación y el control, puede quedar expuesto a la burocracia y a la superficialidad si no se acompaña de una supervisión activa y de una adaptación constante a los riesgos y cambios organizacionales. Un control interno formal es fundamental para la transparencia y la rendición de cuentas, pero debe evolucionar hacia un control interno fortalecido para ser verdaderamente eficaz en la mitigación de riesgos.

**control interno fortalecido.** Sistema de protección y procedimientos diseñados para salvaguardar a la organización que, más allá de su mera existencia, ha sido optimizado y perfeccionado mediante acciones proactivas, la automatización y una supervisión constante. Es un sistema que minimiza la dependencia del factor humano y maximiza la eficiencia operativa sin sacrificar la seguridad ni la calidad de los procesos. Se apoya en la automatización para reducir errores, pero sin olvidar que el origen de todo control reside en la gestión manual de los riesgos. Un control interno fortalecido no solo detecta fallas, sino que las previene mediante la mejora continua, lo que asegura que la burocracia no lo debilite y convierte las acciones de monitoreo en uno de los medios para identificar las áreas de mejora. Este tipo de control, además, se mantiene en constante revisión y ajuste, con el reconocimiento de que sin monitoreo se debilita, pero que el monitoreo por sí solo no garantiza su fortaleza. Está alineado con principios de justicia, legalidad, equidad y ética, y se adapta continuamente al entorno empresarial para brindar una protección integral a la organización.

**control interno primitivo.** Sistema de control interno básico, generalmente manual y rudimentario, que surge como una respuesta inicial a los riesgos operativos de una organización. Este tipo de control suele depender en gran medida del factor humano, con procedimientos poco estructurados y una escasa automatización. Aunque cumple con su función en entornos simples o en etapas tempranas de desarrollo organizacional, el control interno primitivo es vulnerable a fallas por la falta de estandarización y la alta posibilidad de error humano. Con el tiempo, este tipo de control debe evolucionar hacia formas más avanzadas y automatizadas para convertirse en un control interno fortalecido. El control interno primitivo representa la fase inicial en la que los controles nacen junto con los riesgos, y si bien es funcional en su forma más básica, es necesario transformarlo para que la organización se mantenga eficiente y segura frente a riesgos crecientes y procesos más complejos.

«ingeniero en la construcción de procesos». Profesional encargado de diseñar, construir, optimizar y supervisar procesos operativos y administrativos en una organización, con el objetivo de asegurar su eficiencia, eficacia y alineación con los objetivos estratégicos, con una visión holística de los objetivos de la empresa y de los riesgos que la rodean, mientras protege la empresa a través de la implementación de controles internos.

**falso sentido de control.** Percepción equivocada de que un procedimiento, acción o documento garantiza la efectividad del control interno, cuando en realidad carece de sustancia para mitigar riesgos o evitar errores. Este fenómeno suele estar relacionado con la burocracia, donde se priorizan requisitos formales, como firmas, sellos o registros, sin un análisis profundo del propósito o la utilidad del control implementado. El resultado es un sistema que aparenta solidez pero que, en la práctica, puede ser ineficaz o contraproducente.

# REFERENCIAS

## Referencias

**Norma Internacional de Auditoría (NIA 315, párrafo A1).** *Definición del control interno*. Recuperado de https://www.ifac.org/system/files/publications/files/NIA-315-Revisada.pdf

**OpenAI.** (2024). *ChatGPT: herramienta de apoyo en la creación y mejora de textos*. Asistente de redacción y estilo. Recuperado de https://chat.openai.com/

**OpenAI.** (2024). *Componentes de COSO: marco conceptual para control interno*. Asistente de redacción y estilo. Basado en la petición realizada por el autor. Recuperado de https://chat.openai.com/

**IIA (Institute of Internal Auditors).** (2024). *Normas Internacionales para la Práctica Profesional de la Auditoría Interna*. Basado en el modelo de las tres líneas para la gestión del riesgo y control. Recuperado de https://www.theiia.org/

**Filosofía de calidad Toyota.** (2021). *Enfoque en la gestión del sistema: «no recibo, no hago y no entrego errores»*. Basado en el párrafo «Calidad en todas partes, en todo lo que hacemos». Recuperado de https://www.toyota.es/world-of-toyota/feel/importancia-calidad-toyota

www.ingramcontent.com/pod-product-compliance
Lightning Source LLC
LaVergne TN
LVHW050634051026
849532LV00002B/380